LA
POPOTE

PARIS. — E. DE SOYE, IMPRIMEUR, 2, PLACE DU PANTHÉON.

LA POPOTE

SOUVENIRS MILITAIRES D'ORAN

PAR

ERNEST CAPENDU

PARIS
AMYOT, ÉDITEUR, 8, RUE DE LA PAIX
—
MDCCCLXV

Reproduction interdite. — Traduction réservée

LA POPOTE

I

Mers-el-Kébir

Le 7 septembre 1849, au moment où onze heures du matin sonnaient, le paquebot le *Pharamond* arriva en vue de Mers-el-Kébir.

Nous étions partis de Marseille le 2, il y avait donc cinq jours que nous tenions la mer par un vent contraire et un temps affreux.

Les malades étaient nombreux à bord : hommes, femmes, enfants, passagers et passagères de toutes classes gisaient étendus dans les cadres, dans les hamacs, couchés sur les banquettes, sur le pont. C'était, depuis que nous avions perdu de vue les côtes de France, un spectacle peu séduisant à contempler.

Rien ne défigure plus complètement, ne décompose plus les traits, n'anéantit plus les facultés morales et les facultés physiques, rien ne rend plus laid que ce que l'on nomme : *le mal de mer*.

Et malheureusement aucun mal n'est plus communicatif.

Il est très-difficile de *tenir bon*, comme disent les matelots, quand on est entouré de gens dont le piteux état cause l'émotion la moins agréable.

J'aime la mer ; j'ai souvent, si ce n'est longuement, navigué, mais jamais, même dans les gros temps, je n'ai eu à subir les crises pénibles de cette indisposition pour laquelle les marins n'ont aucune pitié.

Mais si je n'ai jamais eu le mal de mer, chaque fois que je m'embarque je subis néanmoins, durant la première journée, l'influence de l'élément sur lequel je voyage, et cette influence se manifeste d'une étrange façon.

Dès que je mets le pied sur une embarcation, dès que je respire les âcres émanations des vagues, dès que je suis en mer, enfin, j'éprouve, durant les vingt-quatre premières heures du voyage, une invincible aversion pour tout ce qui ressemble à une feuille de tabac hachée ou roulée. Non-seulement fumer me serait impossible, mais encore l'odeur du cigare me fait mal, et la pensée seule d'un papelito et d'une pincée de Maryland me cause un profond sentiment de dégoût.

Et cependant je me porte à merveille pendant ce premier moment de navigation : j'ai très-bon appétit et la tête parfaitement libre.

Ces vingt-quatre premières heures écoulées, le tabac m'offre de nouveau tous ses charmes, et je rentre en jouissance de mon vice de fumeur.

A propos du mal de mer, un officier de marine, de mes amis, me disait qu'il avait constaté que ce mal, quelque violent qu'il fût, était guéri instantanément par l'approche d'un grand danger ou par la vue de la terre où l'on va aborder.

Effectivement, dans un naufrage, il n'y a plus de malades ; l'instance du péril détruit l'anéantissement.

Et à bord, quand on crie : *terre!* les plus languissants reprennent leurs forces, et ceux qui sont étendus, sans mouvement, se relèvent pour voir.

Terre! c'est la guérison qu'on annonce, et rien que l'annonce guérit le malade.

Ce fut précisément ce qui arriva à bord du *Pharamond*.

Quand on signala la terre d'Afrique, tous les malades, hommes et femmes, se redressèrent, tous s'approchèrent des bastingages en dépit du roulis qui redoublait de violence. Ils se tenaient, s'accrochant les uns aux autres, et ils demeuraient anxieusement curieux, les regards tournés vers un seul et unique point. L'épidémie avait soudainement disparu.

Nous avions en face de nous, la côte rocheuse sur laquelle se reflétait le prisme des ardents rayons du soleil à son zénith.

Les flots bleus de la Méditerranée allaient se briser sur cette barrière aux chauds reflets.

Le vent venait de tomber : le navire marchait à toute vapeur et il glissait rapidement.

Le paysage se dessinait de plus en plus nettement.

Passagers et passagères, tous avec des éclairs de joie dans les yeux, interrogeaient l'horizon en calculant la distance à parcourir.

Bientôt l'entrée de la rade de Mers-el-Kébir se découpa dans la côte, dominée par la chaîne des montagnes qui court jusqu'à la plaine des Andalouses.

Rasant l'extrême pointe qui commande le port, nous entrâmes en rade.

Appuyé sur le bastingage, j'admirais ce magnifique point de vue qui se déroulait autour du navire comme un panorama magique.

J'avais, en face de moi, Oran assis au fond du golfe, avec ses maisons mauresques aux murs blancs, sans fenêtres et couronnés par une terrasse plate, ses maisons espagnoles aux tons bruns avec leurs *célosias* vertes, ses maisons français s aux toitures d'ardoise et ses mosquées aux coupoles arrondies, aux tours carrées, étroites et hautes, surmontées par les flèches soutenant le croissant d'or; Oran se prélassant en amphithéâtre et coupé, à son centre, par un ravin blanc, profond et planté de palmiers qui étendent leurs élégants parasols.

A gauche d'Oran se dressait, menaçant, sur un rocher énorme, un grand bâtiment de construction mauresque, espagnole et française avec ses longues murailles crénelées, dominant toute la ville et toute la rade, et bordé, à ses pieds, par une ceinture de batteries basses. C'était le *Château-Neuf*, l'ancienne résidence des gouverneurs espagnols, l'ancien palais des Beys et la demeure actuelle du général commandant la Province.

A droite, le quartier de la marine que domine une haute montagne, le *Santa-Cruz*, coiffé d'un vieux fort en ruines et orné d'une chapelle que vénère la population espagnole. Plus près, un autre fort et la ligne des rochers s'étendant jusqu'à Mers-el-Kébir.

Un splendide et éblouissant soleil à son zénith éclairait ce paysage qui avait pour horizon un ciel d'azur.

J'étais en pleine contemplation, lorsqu'une légère secousse imprimée au paquebot, me rappela à la situation.

Nous venions de jeter l'ancre.

De nombreuses embarcations accouraient vers nous ; mais, en tête de ces embarcations, s'avançait un canot monté par deux hommes en uniformes et conduit par quatre rameurs.

C'était la *Santé* qui venait s'informer, avant de nous donner la permission de débarquer, si nous n'apportions pas avec nous un peu de l'honnête choléra qui désolait alors la France, mais qui n'était pas encore venu visiter l'Afrique.

Le commandant prit sa *patente* et il descendit les premières marches de l'escalier extérieur.

Le canot accosta sans toucher la marche inférieure de l'escalier, et l'un des deux officiers de santé ouvrit un instrument ressemblant, à s'y méprendre, à une paire de gigantesques fers à friser.

Il prit la patente à l'aide de ces pinces d'une longueur démesurée et il déplia le papier sans le toucher avec ses doigts et en le tenant tout grand ouvert à une distance des plus respectables de son individu.

Je déclare que la première qualité d'un chef du service de santé est d'avoir la vue longue, car il est obligé de lire, toujours grâce à ses pincettes, à une distance de plus d'un mètre et demi.

Le monsieur examina gravement la patente avec une impassibilité énervante pour nous qui attendions le prononcé du jugement qui allait nous condamner ou nous acquitter, et la prolongation de l'attente commençait à faire prendre à notre inquiétude des proportions pénibles.

Tous les passagers étaient près des bastingages, la bouche béante, les yeux très-ouverts, la physionomie anxieuse, immobiles, leurs malles près d'eux, leurs paquets à la main, tous prêts à s'élancer dans les embarcations.

Depuis qu'on avait été en vue de la rade, tous, oubliant leurs souffrances, ainsi que je l'ai dit, et guéris subitement par l'approche de la terre, s'étaient habillés, parés, nettoyés, préparés pour le débarquement.

Les embarcations de tous genres et de toutes sortes entouraient le navire, se tenant cependant à distance...

On échangeait, du bord, avec ces embarcations, des signes, des cris de salutations : l'impatience et l'attente redoublaient et la perplexité se peignait sur tous les visages.

L'officier de santé examinait toujours la patente, qu'il ne touchait qu'avec son instrument.

Enfin il la referma, avec ses pinces, sans l'effleurer des doigts, et il la tendit au commandant qui attendait.

Un cri douloureux s'échappa de toutes les bouches...

Un coup de sifflet retentit, et un pavillon jaune se déroula à la corne.

Cela voulait dire que nous étions en *quarantaine*.

Pour bien comprendre la valeur de ces mots terribles : *être en quarantaine*, il faut, après avoir passé plusieurs jours en mer, par un temps affreux, privé de tout, sans vivres frais, entouré de malades, au milieu de passagers entassés les uns sur les autres ; il faut apercevoir enfin la terre si ardemment souhaitée, mettre d'avance le pied sur ce sol immobile après lequel on aspire, jouir par la pensée de tous les bienfaits qui vont faire oublier les inconvénients et les privations du séjour du paquebot et, au moment où l'on croit toucher à la réalité de ses rêves, où l'on tend la main à un ami, se voir brusquement privé de tout, éloigné de tout, séparé de tout.

Mettre un passager en quarantaine, c'est le faire passer brusquement, sans transition, de l'état d'homme libre à celui de prisonnier, et encore le prisonnier voit-il de près son geôlier, peut-il communiquer avec quelqu'un du dehors, ne le fuit-on pas, n'a-t-il pas l'aspect repoussant d'un pestiféré, tandis que le malheureux condamné, par la prévoyance de la Santé, à la quarantaine, voit s'élever subitement triples grilles de fer entre lui et ses semblables.

Ce qu'on lui offre, on le lui tend au bout d'un long bâton, on lui donne à manger comme on donne à manger aux animaux féroces, sans oser approcher de lui.

Les lettres mêmes, écrites de sa main, sont lacérées et passées au vinaigre. Tout ce qui l'a touché, tout ce qu'il touche devient un objet d'horreur et de répulsion.

Il a une cour pour se promener, un mauvais lit pour dormir, il est privé de tout, et pour consolation il a la perspective de l'épidémie dont on lui fait la politesse de le croire menacé.

Le moyen âge a oublié le supplice de la quarantaine dans ses tortures.

Le pavillon jaune hissé, un vide plus marqué s'était fait autour du navire.

Les embarcations se tenaient à distance respectueuse.

Notre abominable isolement commençait.

Matelots et passagers se regardaient tristement, puis les regards se reportaient vers la terre qui était à dix brasses, et les yeux s'abaissaient plus tristement encore.

Le découragement était dans tous les cœurs, les bras tombaient le long du corps, les paquets tombaient lourdement sur le pont, et un même soupir s'échappait de toutes les poitrines, suivi de ce même cri de détresse :

— Nous sommes en quarantaine !

En nous mettant en quarantaine il faut l'avouer,

la Santé n'avait pas précisément tort. Elle agissait avec une prudence qui justifiait l'événement, car au mois de septembre 1849 il y avait choléra en France, de Paris à Marseille, et choléra sans la moindre interruption.

La province d'Oran, voulant se sauvegarder du fléau, prétendait lui fermer obstinément ses portes.

Tous ceux qui m'entouraient étaient de plus en plus en proie au découragement le plus pénible, et à peine levaient-ils les yeux quand les matelots leur faisaient voir de loin, sur la montagne, une sorte de petit parc à moutons qui devait être notre séjour d'une longue semaine.

J'étais, à l'arrière du navire, appuyé sur le platbord et échangeant force signaux de détresse avec un capitaine d'état-major, Renson [1], un ami d'enfance que je n'avais pas vu depuis de longues années et que j'allais visiter.

Dans le même canot était un autre officier de même grade, que je ne connaissais pas.

La distance à laquelle nous étions ne nous permettait que de nous adresser d'amicales salutations à l'aide des bras et de la main, et je me livrais à une pantomime expressive, quand tout à coup de grands

---

[1] Colonel d'état-major attaché à l'état-major général de l'armée d'Afrique.
Le colonel Renson a été premier aide de camp du maréchal duc de Malakoff.

cris de joie retentirent violemment derrière moi.

Je me retournai et je crus, un moment, qu'un accès de folie subit s'était emparé de tous mes compagnons.

Ils riaient, ils criaient, ils sautaient en se précipitant vers les échelles des tambours.

La cause de cette allégresse me fut promptement expliquée par la disparition du terrible pavillon jaune. Il paraît que des pourparlers avaient eu lieu avec la Santé, à la suite desquels, et comme il n'y avait aucun malade à bord, la quarantaine avait été levée.

Cinq minutes après, je sautais dans le canot, et Renson me présentait à son ami, le capitaine Doulcet, ancien officier d'ordonnance du duc d'Aumale, et attaché également à l'état-major de la province d'Oran.

II

La route d'Oran

De Mers-el-Kébir à Oran, nous avions 9 kilomètres à faire, car Mers-el-Kébir, ce Gibraltar de la province algérienne, est à l'extrémité nord du golfe dont Oran occupe le centre et forme un cap s'avançant dans la Méditerranée.

Une chaîne de montagnes dont les deux points culminants (le fort Saint-Grégoire et le Santa-Cruz) n'atteignent pas à moins de 420 mètres d'élévation, relie la ville au port, enfouissant sa base dans les eaux bleues du golfe, dont elle décrit le contour occidental.

Avant notre domination en Afrique, la route ou, pour mieux dire, le sentier que prenaient les Arabes allant de Mers-el-Kébir à Oran ou d'Oran à Mers-el-Kébir, gravissait péniblement jusqu'aux crêtes des montagnes qu'il suivait ensuite du point de départ au point d'arrivée : sorte de chemin du diable, véritable casse-cou dont les chevaux arabes eux-mêmes avaient peur, que les ânes franchissaient en dressant leurs longues oreilles et en baissant la tête, et qui, de mois en mois, causait régulièrement la mort de quelque cavalier dont la monture avait fait une faute ou de quelque piéton dont le pied avait failli. Hommes et chevaux roulaient sur les flancs dénudés des rochers et allaient rebondir dans la mer.

Depuis vingt ans, heureusement, il n'en est plus ainsi, et, aujourd'hui, l'on peut franchir la distance qui sépare Oran de son port naturel en toute sécurité, soit à pied, soit à cheval, soit à âne, soit même en voiture.

Une magnifique route, aussi pittoresque que puisse le désirer un amateur de la nature sauvage et aride, a été taillée dans le marbre et elle serpente presque horizontalement sur le flanc des hautes montagnes.

Renson et son ami avaient fait la route à cheval pour venir au devant de moi, mais, pour le transport de mes bagages, il nous fallait retourner à Oran, en voiture.

Il y avait, sur la route, stationnant devant le petit fort, cinq ou six voitures de louage ; nous en prîmes une.

Quand je dis *voiture*, en parlant du véhicule dans lequel nous nous hissâmes, c'est que je n'ai pas d'autres expressions à employer.

Cette voiture était un vieux carrosse espagnol, comme son conducteur-propriétaire qui était aussi Espagnol et comme le sont tous les carrosses et tous les cochers d'Oran.

Il y a beaucoup d'Espagnols à Oran.

On doit cela, d'abord à l'ancienne domination de l'Espagne qui a duré jusqu'à la fin du siècle dernier, puis au voisinage de Ceuta et de Melilla, où l'Espagne a ses *presidios*, c'est-à-dire ses bagnes.

Les échappés des *presidios* viennent se réfugier dans la ville la plus proche.

Aussi, à Oran, à cette époque, il y avait beaucoup d'Espagnols, quelques Français et presque pas de Maures. (Je parle des habitants fixes et non de la garnison.)

Quant aux voitures, à l'exception de celle du général commandant la province, on ne rencontrait que des véhicules semblables à celui que nous venions de prendre.

Ce véhicule n'était ni un coupé, ni un fiacre, ni une calèche, ni une charrette, ni un landeau, ni un phaéton, ni un omnibus et cependant c'était un peu de tout cela.

D'abord il y avait quatre roues, deux petites et

deux grandes, puis un timon orné de ses deux chevaux efflanqués.

Sur ces quatre roues était posé, sans le moindre ressort, mais bien soutenu par quatre grosses cordes, une espèce de bateau plat pareil à ceux dont se servent les passeurs sur nos rivières, mais dont l'avant et l'arrière eussent été sciés au préalable.

Les deux bords du bateau servent de côtés à la caisse de la voiture, puis sur ces deux côtés se dresse une sorte de charpente extrêmement compliquée, établie à l'aide de ferrailles rouillées, de morceaux de bois multicolores et de toile cirée s'en allant en lambeaux.

Une banquette posée en travers à l'avant sert de siége au cocher : c'est là son salon, l'endroit où il reçoit ses amis et amies auxquels ou auxquelles il veut bien offrir place sans se préoccuper le moins du monde de votre assentiment.

Une cloison un tiers bois, un tiers fer, un tiers vide (espace réservé aux vitres absentes), sépare le conducteur de sa pratique et met cette dernière dans la situation des bêtes curieuses transportées dans des voitures *ad hoc*.

L'introduction dans la machine s'opère par derrière, comme dans un omnibus.

Dans quelques-unes, cependant, l'assaut peut être livré par deux larges brèches faites de chaque côté, et qu'une portière pantelante essaye en vain de reboucher après l'entrée de l'ennemi, c'est-à-dire du voyageur.

Une fois le prix fait avec le cocher, une fois installé tant bien que mal dans le carrosse, vous attendez.

Vous croyez peut-être que vous allez partir? Pas du tout.

Le cocher espagnol ne se préoccupe jamais de celui qu'il mène. Le locataire provisoire mis en jouissance de sa propriété, le conducteur s'en va vaquer à ses affaires. Vous criez, vous menacez, vous réclamez, rien n'y fait.

— *Espera! espera!* vous répond tranquillement l'automédon sans se presser d'un pas.

Esperar est un verbe dont le peuple espagnol fait un effrayant abus, et qui signifie à la fois attendre et espérer.

Ces deux suprêmes expressions de la sagesse humaine (à ce que prétendent certains philosophes qui ont ou n'ont eu probablement jamais besoin de rien), ont le pouvoir d'irriter au plus haut degré les nerfs du voyageur impatient.

Enfin, le cocher veut bien consentir à prendre place sur son siége, il rassemble nonchalamment les rênes, il fait claquer son fouet bruyamment et il crie à tue-tête :

— *Anda! Anda!*

Les malheureux chevaux secouent leurs têtes embarrassées et surchargées de grelots et de sonnettes, ils font un effort et ils s'élancent.

Aussitôt vous entendez un extravagant vacarme qui vous assourdit les oreilles : ce sont des craquements, des gémissements, des bruits de vieilles ferrailles, puis vous vous sentez balancé en avant, en arrière, à droite, à gauche.

Ne vous effrayez pas !

Ces bruits discordants, ce balancement désagréable proviennent du mouvement même du véhicule mis en marche.

C'est la caisse qui craque et qui se disjoint, c'est la charpente soutenant la toile cirée qui entrechoque ses garnitures ferrées, c'est le bateau qui obéit à l'impulsion que lui communiquent les cordes.

Après quelques instants d'étonnement, vous finissez par vous boucher les oreilles, pensant que l'augmentation du vacarme décèle la célérité de l'attelage.

Cette fois encore vous vous trompez.

Le bruit cesse brusquement, le coffre devient immobile, la voiture s'est arrêtée.

Votre cocher a rencontré un ami, un compatriote avec lequel il échange les nouvelles du jour.

Il allume une cigarette, serre la main à l'*amigo*, et vous voilà de nouveau roulant sur la route ou par les rues.

Si vous partez de Mers-el-Kébir pour vous rendre à Oran, vous avez les montagnes à votre droite et les eaux de la rade à votre gauche; si, au contraire, vous sortez de la ville pour aller à la tête du golfe, vous avez la mer à droite et les montagnes à gauche : dans l'un et l'autre cas, vous êtes sur la route et vous pensez, avec une certaine apparence de raison, que le trajet va s'accomplir dans votre voiture, sans nouvel incident.

Mais vous avez oublié que votre cocher est Espagnol, et qu'un véritable Espagnol ne connaît que deux façons d'être dans la vie : être amoureux ou ne l'être pas.

Si votre conducteur n'est pas amoureux, rendez grâce au ciel !

Cependant vous n'en arriverez pas plus vite pour cela.

Une fois sur la route, comme il n'y a pas à se tromper puisque la route est seule et unique d'Oran à Mers-el-Kébir, et aucunement croisée par le plus petit sentier, le cocher laisse tomber ses rênes, il s'accommode dans un angle, et il se livre aux douceurs de la sieste, laissant ses chevaux entièrement libres de leur allure, et n'entrouvrant l'œil que si la voiture verse en montant sur un quartier du roc.

S'il est amoureux au contraire, la chose est toute autre.

Ou il est heureux, ou il est malheureux.

S'il est heureux, si sa *novia*, sa *querida* lui a donné un rendez-vous pour la nuit prochaine, s'il espère la rencontrer sur la route, ou la trouver au retour, il crie, il chante, il gesticule, il fait le beau, il se pavane tant qu'il est dans la ville : puis, une fois hors des murs, il abandonne également les rênes, s'étend tout de son long sur sa banquette, du dessous de laquelle il tire une guitare et il entame une interminable romance tout en raclant le malheureux instrument qui gémit.

Vous gémissez aussi, car vous allez tout aussi lentement, et de plus vous êtes réellement abasourdi.

Mais qu'est-ce que ces inconvénients, comparés à ceux que vous prodigue le cocher amoureux et malheureux dans ses amours.

Celui-là est sans cesse furieux : il injurie ses bêtes, il injurie les passants, il injurie la route, il injurie sa voiture, il vous injurie vous-même, si vous osez tenter une légère observation.

Que de mauvais sang font faire les cochers Espagnols, aux Français en voyage !

L'Espagne seule le sait.

Heureusement celui qui nous conduisait le jour de mon débarquement à Mers-el-Kébir, était sans doute amoureux et content, car il nous conduisit convenablement, et, pour un demi-douro en sus du prix de la course, il consentit à ne pas râcler sa guitare.

En une heure et demie la distance fut parcourue et nous atteignîmes la voûte qui sert à la fois de porte d'entrée à la ville et de tête à la route de Mers-el-Kébir.

Nous passâmes sous cette voûte pratiquée dans le rocher même et nous entrâmes dans la ville.

Oran a gardé le triple cachet de sa triple domination. Elle est à la fois mauresque, espagnole et française, comme construction, comme végétation et comme population.

Nous traversâmes le quartier de la Marine, le Ravin et nous atteignîmes le Château-Neuf.

Le Château-Neuf, amas de constructions, dont les styles différents indiquent, comme la ville, le triple passage des conquérants, est bâti à l'est d'Oran, sur un rocher dominant entièrement la ville et la côte.

On jouit du haut de ses terrasses d'un coup d'œil magnifique.

Renson avait pour habitation, le pavillon le plus élevé du Château-Neuf, lequel pavillon était encore surmonté d'un petit marabout formant belvédère. De là, je pouvais contempler à l'aise le magnifique panorama qui se déroulait à l'est, au nord, à l'ouest et au sud.

Devant moi, sous mes pieds, à cinquante mètres en contre-bas, j'avais Oran, la vieille ville dont l'origine remonte aux périodes carthaginoises.

Plus tard, pendant la domination arabe, Oran dépendit du royaume de Tlemcen, mais des franchises locales très-étendues ayant donné un puissant essor à son commerce maritime, occasionnèrent de fatals démêlés de voisinage.

Les Espagnols, mécontents de l'audace des pirates d'Oran, armèrent une flotte pour les punir.

Ils débarquèrent à Mers-el-Kebir en 1505, et ils s'emparèrent d'Oran en 1509, sous les ordres du cardinal Ximenès.

Ils gardèrent cette conquête près de trois siècles.

En 1791, le tremblement de terre qui détruisit une partie de la ville et les attaques réitérées du bey Mohammed, déterminèrent les Espagnols à évacuer leur conquête.

Maîtres d'Oran, les Turcs, suivant leur intelligente habitude, s'empressèrent de démolir les constructions de leurs prédécesseurs.

Puis, plus tard, ils furent obligés de relever ce qu'ils avaient détruit, mais leur œuvre de restauration était à peine ébauchée que nous nous emparâmes de la ville. C'était en 1831.

Nos troupes ne trouvèrent pour ainsi dire que des ruines, aussi fut-on obligé de tout réparer.

Du haut du Château-Neuf, je voyais le plan naturel de la ville entière.

Oran est divisé en deux parties réunies par un

pont qui joint le flanc de la montagne du Santa-Cruz au plateau de la ville.

C'est ce pont qui est situé au-dessus du ravin, au fond duquel coule l'*Oued-el-Rahhi*.

Cette division naturelle forme deux villes qui ont été toutes deux habitées par deux peuples différents et qui le sont encore.

Sur la rive droite de l'*Oued-el-Rahhi* est la ville indigène avec ses mosquées, sa casbah, son marché qu'approvisionnent les Arabes avec leurs troupeaux de chameaux.

Sur la rive gauche est la ville espagnole que dominent les forts construits par les anciens maîtres, et où se dressent les églises catholiques en opposition aux mosquées.

A peu de distance de la porte Saint-André, ouvrant sur la route de Misserghin, le quartier juif, qui a conservé l'aspect sale et misérable que ce quartier a dans toutes les villes turques, s'étend à la droite de l'église.

Entre le quartier indigène et le quartier espagnol, se développe, depuis notre occupation, le long du ravin, sur les deux rives, un troisième quartier qui est notre œuvre.

Là, les rues sont belles, bien percées, droites, alignées, bordées d'élégantes maisons ; il y a des places, des boulevards, des promenades, de belles églises. C'est là qu'est la préfecture, la mairie, le théâtre dominant le ravin et placé en face de la promenade qui a, pour perspective, la rade et Mers-el-Kebir.

Un verdoyant vallon consacré aux jardins de luxe et de produit sert de débouché au boulevard.

A droite de la ville, vue du Château-Neuf, au nord, s'étendent, se confondant à l'horizon avec le ciel toujours azuré et sans nuages, les flots de la Méditerranée.

Au sud, le ravin blanc avec ses bouquets de palmiers, d'orangers, de grenadiers, ses haies de cactus, ses buissons d'aloës dont les feuilles puissantes opposent aux animaux féroces une barrière infranchissable.

Une haie de cactus, avec ses successions de raquettes énormes garnies d'épines, est la meilleure des enceintes.

Le ravin blanc est ainsi nommé parce que son sol est recouvert d'une couche crayeuse qui, sous le miroitement des rayons solaires, ressemble à une vallée de neige.

Là, sont des fours à chaux.

Au-delà du ravin s'étend la grande plaine encore couverte de palmiers nains et que traverse la route d'Aïn-Temouchen.

A l'est, se déroule et se dessine dans des vapeurs topazées, la pointe du Ras-el-Arouga que domine au loin le cap Carbon qui, avec le cap Falcon, forme les points extrêmes du golfe d'Oran.

Une haute montagne se dresse à la hauteur du cap Carbon, c'est le Djebel-Kahmar (montagne des lions).

Absorbé dans ma contemplation et ne me lassant pas de laisser promener mes regards sur ce merveilleux paysage que je contemplais pour la première fois, j'étais en pleine extase, lorsque mon nom prononcé sur le seuil de la porte qui venait de s'ouvrir, me fit retourner brusquement.

C'était le capitaine Lallemand (aujourd'hui colonel et commandant à Aumale) qui venait encore réveiller mes meilleurs souvenirs d'enfance en me serrant la main.

Il était tard, nous avions grand faim.

Lallemand nous dit qu'on venait de sonner le dîner, nous descendîmes tous avec empressement.

Dans la cour je trouvai des capitaines du génie et de l'état-major auxquels Renson me présenta, et qui me firent cet accueil franc et aimable que nos officiers savent faire, et qui établit si vite une camaraderie charmante.

Nous traversâmes la cour, et j'eus l'honneur insigne de faire mon entrée à la POPOTE.

III

La Table ronde de l'armée d'Afrique

Dans mille ou douze cents ans, — en l'an 3865, par exemple, — l'époque des Napoléon sera passée à l'état de chronique, comme l'est aujourd'hui celle d'Arthus et de Charlemagne, et nos descendants liront la *Légende de la Popote* comme nous lisons les *Légendes de la Table ronde* de nos ancêtres.

Mais si les contemporains d'Arthus et de Charlemagne savaient ce que c'était que la Table ronde, bien peu de nos contemporains savent ce que c'est que la *Table de la Popote*, et cependant, table pour table, les héros n'ont pas plus manqué à l'une qu'à l'autre.

Si la Table ronde a vu s'asseoir autour d'elle les

Tristan, les Lancelot, les Perceval, les Godefroy, les Palamède; la Table de la Popote a compté parmi ses chevaliers, d'abord :

Cinq maréchaux de France :

Le maréchal BUGEAUD, duc d'Isly.
Le maréchal PÉLISSIER, duc de Malakoff.
Le maréchal MAC-MAHON, duc de Magenta.
Le maréchal BOSQUET.
Le maréchal BAZAINE.

Des généraux qui tous ont acquis une célébrité glorieuse :

Le général CAVAIGNAC.
Le général LAMORICIÈRE.
Le général DE MARTIMPREY.
Le général BIZOT, tué à Sébastopol.
Le général CRÉNY.
Le général JARRAS.
Le général DÉSESSART.
Le général RAOULT.
Le général PAJOL.
Le général COFFINIÈRES.
Le général VAUBAN.
Le général DURRIEU.
Le général DUBERN.
Le général DE FORTON.

Le général Tripier.
Le général de Montebello.
Le général de Beaufort d'Hautpoul.

Et d'autres encore dont l'armée a gardé de nobles et touchants souvenirs.

Puis des officiers supérieurs tels que :

Le colonel Thomas.
Le colonel de Senneville, tué à Magenta.
Le colonel Renson.
Le colonel Lallemand.
Le colonel d'Abrantès, mort en Italie.
Le colonel Osmont.
Le colonel Cassaigne, tué à Sébastopol.
Le colonel Prudon.
Le colonel Michel.
Le colonel Ragon.
Le colonel Jourjon, tué à Solférino.
Le colonel Signorino.
Le commandant Blondeau.
Le commandant Loquessie.

Il me faudrait écrire des pages entières, si je devais compléter la liste des célébrités de la Popote.

Au reste, elle avait de qui tenir.

La Table ronde de l'armée d'Afrique a eu pour

fondateur un homme illustre, et la date de sa fondation remonte à notre premier établissement à Oran.

Quelques jours après la prise d'Alger, en 1830, le maréchal de Bourmont envoya son fils, le capitaine de Bourmont, connaître les intentions de Bey-Hassan, le bey d'Oran.

La nouvelle de la prise d'Alger avait causé dans le beylik d'Oran une insurrection des Arabes contre les Turcs. Le bey ne demandait qu'à quitter son commandement et à livrer à la France la ville et la province.

Le 6 août, le 21ᵉ de ligne sous les ordres du colonel Gontfrey vint occuper Oran, avec 50 sapeurs et deux obusiers de montagne.

Mais la révolution de 1830 était alors connue à Alger.

Bourmont rappela ses troupes qui revenaient après avoir fait sauter le front de mer de Mers-el-Kébir.

Le 2 septembre, le général Clauzel pris le commandement de l'armée d'Afrique des mains du maréchal de Bourmont.

Le général traita avec le bey de Tunis relativement à Oran et à Constantine : il lui cédait l'occupation de ces deux provinces à la condition que le bey reconnaîtrait la suzeraineté de la France, et payerait régulièrement un tribut annuel d'un million de francs.

Tout fut convenu. En conséquence, des arrêts du général, faits au nom du gouvernement français, mais non encore approuvés, nommèrent, en décembre 1830, le frère du bey de Tunis, bey de Constantine, et en février 1831, le cousin du bey, bey d'Oran.

Mais avant que cette seconde mesure ne fut prise, l'empereur du Maroc avait voulu s'emparer de Tlemcen.

Le 11 décembre 1830, le général Damrémont vint occuper Mers-el-Kébir avec le colonel Lefol et le 12ᵉ de ligne, en attendant que les Tunisiens arrivassent.

Damrémont s'empara rapidement du fort de Mers-el-Kébir et de celui de Saint-Grégoire : le bey Hassan fut embarqué aussitôt pour la Mecque, et le kalifa du bey de Tunis arriva avec deux cents hommes.

Le nouveau bey prit sous ses ordres l'armée turque.

Mais les Arabes se montrèrent aussi hostiles aux Tunisiens qu'aux Français.

Le bey, effrayé des attaques incessantes, exprima l'intention de se retirer.

La proposition arrivait à point, car le gouvernement français, après avoir longuement gardé le silence, refusait de ratifier les actes faits par le général Clauzel.

En conséquence on envoya le général Boyer avec le 20ᵉ de ligne. Il arriva en septembre 1831.

Les Tunisiens partirent, et on commença à organiser l'occupation définitive d'Oran.

Il y eut donc alors des services administratifs, et par conséquent une *chefferie du génie.*

Parmi les officiers du génie était le capitaine Cavaignac, qui venait de faire la première reconnaissance dans l'intérieur des terres en allant d'Oran à Arzew.

A cette époque, il n'y avait à Oran, ni hôtel, ni auberge : c'était une ville essentiellement turque.

Les officiers du génie et ceux de l'état-major étaient établis au *Château-Neuf*, et sur la proposition du capitaine Cavaignac, ils prirent l'habitude de dîner chaque jour ensemble dans une même salle, en recrutant un cuisinier dans le 20ᵉ de ligne et un soldat d'ordonnance pour compléter le service et faire celui de la table.

L'organisation prospéra, et la salle occupée par les officiers du génie et de l'état-major, finit par devenir leur propriété par simple droit d'occupation.

On disait en riant : Les officiers de l'état-major et les officiers du génie *popotent* ensemble.

Bientôt le nom de *Salle de la Popote* fut donné à la salle à manger du Château-Neuf, et il resta, consacré par l'usage.

Son premier président fut le chef du génie, le commandant Savard.

Et les premiers officiers qui s'assirent autour de la table de la Popote furent :

Le capitaine Désessart.
Le capitaine Cavaignac.
Le lieutenant Coffinières.
Le lieutenant Jourjon.
Le capitaine Vauban.
Le capitaine de Martimprey.

Aux officiers d'état-major et à ceux du génie, s'adjoignirent les ingénieurs des mines, les ingénieurs des ponts-et-chaussées et les inspecteurs des finances.

Ville, aujourd'hui ingénieur en chef des mines à Alger.

Aucourt, ingénieur en chef des ponts-et-chaussées à Oran.

Marcotte, de Plœuck, Grimprel, inspecteurs des finances, s'assirent à la table de la Popote.

Une exception, à la loi de fondation, fut faite en faveur du chef du bureau arabe d'Oran, le capitaine Signorino (aujourd'hui colonel) qui, à l'époque où j'eus l'honneur de m'asseoir à l'illustre table de la Popote, était président par droit d'ancienneté.

La salle de la Popote, située au Château-Neuf, près du pavillon de la division, faisait partie de l'ancien palais des beys.

Pour y arriver, on traversait et on traverse encore une cour mauresque à arcades cintrées, avec sa fontaine au milieu.

Une porte donnant sur cette cour s'ouvre au centre de la salle, dans laquelle se dresse une table longue à angles aigus. A droite est une large fenêtre s'éclairant sur la plaine; à gauche, une porte communiquant avec l'office.

Le nom de *Popote* s'applique non-seulement à la salle, mais surtout à l'institution.

La Popote a toujours eu ses lois, sa discipline, auxquelles tous ses membres, sans exception, se sont soumis sans la moindre opposition.

Le premier article du réglement portait que tout officier, ayant un grade supérieur à celui de capitaine, ne pouvait plus être membre de la *Popote*.

Il était rare que parmi les membres il y eut un lieutenant.

Tous étaient capitaines, et l'égalité du grade permettait une intimité et une familiarité qui augmentaient les plaisirs de la réunion.

La présidence de la table de la Popote appartenait de droit au membre le plus ancien.

Les autres places, à droite et à gauche, étaient

occupées par rang d'ancienneté, et, à chaque changement, dans le corps des officiers, laissant une place vide, l'ascension vers la place de la présidence avait lieu pour ceux qui suivaient.

Cependant, en cas d'expédition, de congé, de voyage, d'absence momentanée, la place était réservée au membre, et elle lui était rendue à son retour.

A l'heure de chaque repas sonnée par la cloche, on prenait place.

L'exactitude était le premier point de la discipline.

A moins d'affaire de service constatée, le retardataire était obligé de subir à son entrée ce que l'on nommait *le chemin de fer*.

C'était une sorte de battement régulier exécuté sur la table, par les convives, à l'aide de couteaux et de fourchettes, partant *pianissimo* et arrivant *crescendo* au *fortissimo* le plus violent.

Le retardataire n'avait qu'à courber la tête et à supporter son chemin de fer en patience.

S'il voulait réclamer, le chemin de fer, redoublant de violence, étouffait la réclamation.

Si la réclamation persistait, le chemin de fer continuait, mais alors les verres, les assiettes, les bouteilles, les plats frémissaient et dansaient et sautillaient en mesure, sous l'impression des soubresauts imprimés par la table sur laquelle, dans les grandes circonstances, on battait la mesure à poings fermés.

Le retardataire finissait par garder le silence et le calme se rétablissait.

Une infraction trop forte aux lois de la Popote, était punie par la *petite table*.

Le membre de la Popote condamné devait dîner, seul, à une table isolée.

Cette punition sévère était rare, et elle ne s'appliquait que dans les circonstances les plus graves.

Encore la soumission du condamné, faisait-elle le plus souvent, voter un amoindrissement de peine.

Après le premier service, réintégration du coupable était faite à la table de la Popote.

Quelle simple, bonne et franche gaieté régnait à cette table ! Que de spirituelles saillies s'y croisaient ! Que de discussions intelligentes y furent débattues ! Que de sujets scientifiques, politiques, administratifs, furent traités par ces jeunes gens vieillis par l'expérience de la guerre.

Les dîners de la Popote avaient cela d'excellent que, réunissant un cercle de convives, presque tous sortant de l'École polytechnique, de l'École de Saint-Cyr, de l'École des Mines, de l'École des Ponts-et-Chaussées, de l'École d'État-Major, les moindres discussions prenaient des proportions scientifiques dont les développements étaient, pour tous, une instruction nouvelle.

Aussi comme ils se prolongeaient ces dîners !

La bonne camaraderie, qui présidait à tout, empêchait l'aigreur dans les répliques, et jamais une querelle ne s'est élevée à la table de la Popote depuis trente-deux ans qu'elle existe.

Les expéditions constantes faisaient, hélas! de grands vides à cette table d'officiers d'élite, mais aussi, au retour, quelles fêtes!

Que de hauts faits se sont racontés simplement dans cette salle!

Que de jeunes cœurs, ont battu là, pleins d'espérance!

Que de relations intimes, que d'amitiés sincères ont pris naissance autour de cette table!

La *Popote!* tous ceux qu'elle a reçus gardent d'elle un bon et grand souvenir!

IV

Tioûth — Schabbâh — Nâmâ — Cadet

En cette année 1850, que je passai en Afrique à visiter nos colonies, la *Popote* avait quatre animaux de prédilection qui, tous, ont laissé un nom et un souvenir dans sa légende.

C'était d'abord *Tioûth*, un chien arabe à qui on avait donné le nom de l'oasis dans lequel il avait été trouvé, pendant l'expédition du sud, faite en 1849, sous les ordres du général Pélissier, qui avait conduit sa colonne expéditionnaire jusqu'aux confins du Sahara Oranais.

Un soir, pendant le campement, un chien, type arabe pur sang, de cette race qui ne craint ni la hyène, ni le chacal, était venu demander à manger aux soldats attachés à l'état-major.

Le lendemain, au moment où on se mettait en marche, le chien suivit l'état-major et, pendant les deux mois et demi que durèrent cette longue et pénible expédition, opérée au milieu des Ksour, au sud du Chott, il ne quitta pas ses maîtres adoptés.

Après la destruction de Moghar-el-Tahtani et de Moghar-el-Foukani, après l'organisation nouvelle du pays, après la soumission des Ouled-Ziad et des Ahmian-Cheraga, la colonne reprit la route de Tlemcen et elle revint à Oran, en passant par Sidi-bel-Abbès.

Le chien continua à suivre l'état-major.

Il fit son entrée triomphale à Oran, en tête de la colonne victorieuse et pacificatrice, et il suivit encore l'état-major jusque dans la cour du Château-Neuf.

Le soir de son arrivée à Oran, il dîna à la *Popote*.

Depuis ce jour-là, il ne manqua jamais un seul repas.

Tioûth n'avait pas de maître particulier, mais il était le chien de la Popote et, soumis dans son indépendance, il comprenait toute l'importance de sa situation.

Il connaissait merveilleusement tous les membres, il n'obéissait qu'à eux, et il allait se promener tantôt avec l'un, tantôt avec l'autre, montrant furieusement les dents à tous ceux qui ne faisaient pas partie de la table privilégiée.

Il affectait surtout un profond dédain pour ceux de sa race.

Jamais il ne joua avec les autres chiens du Château-Neuf, et le nombre en était grand cependant.

Tioûth, ainsi que je l'ai dit, était un véritable chien arabe et son caractère était essentiellement arabe.

Il avait la taciturnité sombre, la gravité imposante, l'immobilité pensive, le besoin de solitude qu'affectionnent les habitants du désert.

Au moment où l'heure des repas allait sonner, *Tioûth* arrivait dans la cour précédant la salle. Il s'asseyait gravement près de la fontaine, le nez tourné du côté de la porte, et il attendait.

Il regardait passer tous les officiers les uns après les autres : puis, au dernier coup de cloche, il entrait dans la salle à manger, et cela chaque jour avec une régularité qui ne lui valut jamais le plus léger *chemin de fer*.

La table garnie de ses convives, *Tioûth*, qui avait le flair suffisamment fin, restait assis sur son arrière-train, près de la porte de la cuisine.

Pendant le potage et le premier service, il ne bougeait pas. Il attendait le rôti.

Quand il voyait passer l'un des soldats de service tenant dans ses mains un grand plat sur lequel fumait quelque rôt, *Tioûth* faisait entendre un grognement aimable et, se redressant, il commençait son tour de table, en agitant joyeusement la queue et en venant allonger son museau successivement sur chacune de nos serviettes.

La tête appuyée, il levait béatiquement les yeux vers le membre de la Popote auquel il s'adressait, et jamais sa prière n'était mal accueillie.

En deux ou trois tours de table, *Tioûth* avait dîné.

Pendant le dessert, il reprenait sa position d'immobilité, et, le repas fini, il quittait la salle de la Popote, le dernier.

Avec *Tioûth*, la Popote avait *Schabbâh*, une jeune panthère, type de la beauté de sa race.

Elle avait été recueillie près de Tlemcen, au retour d'une inspection du général Pélissier qui, déjà, commandait la division d'Oran.

Le général était à cheval avec son état-major et escorté par des chasseurs d'Afrique et par une tribu arabe.

Les Arabes marchaient en tête. On suivait la route de Sidi-bel-Abbès. Tout à coup les Arabes poussèrent ces hurlements clairs et aigus qui n'ont rien d'humain, et qui sont à la fois leurs cris de joie et leurs cris de guerre.

Puis tous, se ruant en avant avec un même élan

et, se couchant sur leurs selles, s'éparpillèrent dans les palmiers nains en brandissant leurs fusils aux crosses dorées.

C'est qu'ils avaient vu bondir, dans l'inculte champ immense, une magnifique panthère franchissant les haies poudreuses.

Chassée, entourée, traquée, attaquée par cent tireurs à la fois, elle fut tuée avec une rapidité telle que l'escorte des chasseurs n'eut pas le temps de venir prendre sa part à la chasse.

Au moment où on allait quitter le lieu du combat, après avoir placé le sanglant cadavre de la panthère sur la croupe d'un cheval, un des officiers, qui accompagnait le général, aperçut une petite bête qui grouillait dans les hautes herbes aux pieds de sa monture.

Il se pencha et il regarda. Ce qu'il avait vu c'était une panthère grosse comme un petit chat, et essayant déjà à bondir.

Il prit la petite bête, il la mit dans le capuchon de son caban et il la rapporta à Oran.

Au dîner, la petite panthère se promenait sur la table de la Popote et elle allait manger dans toutes les assiettes.

Elle fut adoptée et, longtemps, elle fut libre, jouant dans les cours du Château-Neuf et surtout dans la cour mauresque du bâtiment réservé au général et qui était l'ancien palais du bey.

Cette cour était entourée d'une colonnade que surmontaient les fenêtres des appartements du premier étage. *Schabbâh* dormait souvent sous la colonnade.

Un jour, un des chasseurs d'Afrique de garde, s'amusa à taquiner la panthère.

On l'avait vue si petite, qu'elle avait grandi peu à peu sans qu'on se rendît compte de la force qui se développait en elle.

Nous avions l'habitude de la faire souvent jouer et jamais elle n'avait tenté de donner un coup de griffe ni un coup de dent à aucun de nous.

Cependant, ce jour là où le chasseur s'amusa à la taquiner, *Schabbâh*, qui était déjà d'une belle taille, et qui n'était pas aimable avec tout le monde, *Schabbâh* prit mal la taquinerie.

Elle se fâcha. Sa nature sauvage se développa tout à coup.

Elle se rua sur le chasseur, elle lui brisa le poignet d'un coup de dent et, d'un coup de griffes, elle lui traça sur la poitrine une écharpe sanglante. Puis, d'un seul bond, franchissant la hauteur de la colonnade, elle sauta du pavé de la cour dans une chambre dont la fenêtre était ouverte.

Cette chambre était celle du général Pélissier. Heureusement, elle était vide.

On était accouru au secours du chasseur d'Afrique qui avait été violemment renversé par le choc.

On le releva et on l'emporta, car il était grièvement blessé.

Nous entendions rugir *Schabbâh* dans la chambre dont la porte était fermée.

Nous l'appelâmes espérant la calmer, mais le sang, auquel elle venait de goûter, avait soudainement développé en elle tous ses instincts carnassiers.

On l'entendait bondir et rugir avec un redoublement de férocité et quand, les deux pattes appuyées sur le bord de la fenêtre, elle avançait la tête pour nous regarder, elle avait un air menaçant qui nous contraignit à prendre un violent parti.

Schabbâh fut condamnée à une réclusion perpétuelle.

La condamnation prononcée, il s'agissait de l'exécuter, et là était le difficile, car la panthère était libre et dans toute sa force.

Réunis dans la cour, nous tenions conseil. L'un de nous proposa de prendre les gants et les masques qui nous servaient à faire des armes et d'entrer dans la chambre avec de grandes et épaisses couvertures.

L'expédition était dangereuse à tenter, mais enfin, elle réussit pleinement.

Schabbâh, enroulée dans les couvertures, fut enlevée et jetée dans une cage de fer.

La cage fut placée dans une sorte de loge de

bois qui était dans la cour, en face de la fontaine, et qui avait servi, au bey d'Oran, de trône en plein air pour assister aux exécutions.

La prison développa la sauvagerie de *Schabbâh*, et bientôt elle fut expédiée au Jardin des Plantes de Paris.

J'allai la voir à mon retour. La première fois que je la visitai, je compris que *Schabbâh* me reconnaissait, car elle s'approcha de la grille que longe le couloir intérieur et dans lequel j'étais, et elle se frotta contre les barreaux, ce qu'elle avait coutume de faire à Oran, chaque fois que je lui jetais quelque friandise dans sa cage.

Plus tard, à mes autres visites, elle ne me reconnut plus, et elle mourut deux ans après son entrée à la ménagerie.

Le troisième animal, favori de la Popote, était une autruche d'une taille gigantesque que l'on nommait *Nâmâ*.

Cette autruche, grave, raide, compassée, avait deux grandes passions : elle adorait le papier et elle haïssait les nègres.

Pour se mettre bien avec elle, on n'avait qu'à prendre un grand journal, que l'on roulait dans sa longueur en le tortillant, et dont on lui présentait l'extrémité.

L'autruche avalait lentement le papier, et, comme tous ceux de sa race, elle ne mâchait pas ; elle mettait une demi-heure au moins à engloutir le journal, dont on pouvait suivre la marche intérieure au gonflement successif du long cou.

Nâmá paraissait être fort heureuse de cette absorption.

La pauvre bête cependant mourut d'une indigestion.

Ainsi que je l'ai dit, elle détestait les nègres. Dès qu'elle en voyait un, elle le poursuivait à coups de pied avec un acharnement qui amenait souvent les scènes les plus comiques.

Le général Pélissier avait à son service un *negro* qui fut un jour chargé de nettoyer tous les cadenas du Château-Neuf.

Le negro avait mis tous ces cadenas dans un grand *couffin* ou panier en paille du pays.

Nâmá le vit dans la cour ; elle le poursuivit. Le negro se sauva, laissant son couffin dans le vestibule.

Alléchée par la vue de la ferraille et peut-être pour jouer un mauvais tour à son ennemi, l'autruche avala tous les cadenas. Personne ne l'avait vue.

On pensa que les cadenas avaient été volés, lorsque, deux jours après, l'autruche tomba malade.

Tout d'abord, on ne savait pas ce qu'elle avait. Les symptômes de sa maladie étaient vraiment très-singuliers.

Elle valsait!

On la voyait immobile ou marchant lentement, grave, réfléchie, magistrale dans sa marche ou dans sa pose, puis, tout à coup, comme en proie à un accès subit d'agitation folle, elle tournait sur elle-même en battant des ailes; ensuite, elle reprenait sa pose grave.

Un moment s'écoulait et l'accès reprenait soudain : elle recommençait à valser.

Étonnés de cette espèce de danse de Saint-Guy, nous consultâmes les vétérinaires du régiment des chasseurs d'Afrique, mais, après force consultations, ils déclarèrent qu'ils ne comprenaient rien à la maladie.

Enfin, à la suite d'un dernier accès de valse plus prolongé, l'autruche tomba subitement et ne se releva plus.

Elle était morte.

On fit son autopsie pour connaître la cause de sa mort, et l'on trouva intacts, dans ses voies digestives, tous les cadenas du Château-Neuf, avec accompagnement d'une collection de clefs, de clous et de ferrailles, qu'en dépit de sa gourmandise et de sa gloutonnerie, l'autruche n'avait pu digérer.

Le quatrième animal était un bélier superbe, nommé *Cadet*.

Cadet, comme l'autruche, adorait le papier, et

il poussait son adoration jusqu'à aller dévorer les cartes de l'état-major, ce qui lui valait des observations énergiques, auxquelles il répondait par des coups de tête plus énergiques encore.

À cette époque, en 1849, il paraissait une nuée de journaux de tous genres, de tous formats et de toutes couleurs, émanés des premiers temps de la république, une et indivisible, cette protectrice éminente de tous les crieurs de papiers.

Les officiers de la Popote étaient curieux de la lecture de toutes ces feuilles publiées à Paris ; mais, pour les recevoir à Oran, il fallait forcément s'abonner.

Or, donner son nom pour une collection d'abonnement à *la Feuille du peuple*, *à la Voix du peuple*, *au Père Duchêne*, *à la Commune de Paris*, *à la Vraie République*, etc., etc., eut été chose compromettante pour un officier.

On proposa d'abonner Cadet à toutes ces feuilles, à la condition de les lui donner à manger, après lecture, pour récompense.

Ce qui fut dit, fut fait.

Les abonnements furent tous pris au nom de :

Monsieur

CADET, *propriétaire*,

à ORAN.

Les courriers de France ne venant que deux fois par mois à Oran, il arrivait quinze journaux de chaque espèce par chaque courrier.

On pense si la gloutonnerie de Cadet était satisfaite.

Il paraissait même que ce genre de littérature ne lui était pas précisément nuisible, car il engraissait à vue d'œil.

Cependant il devenait plus taquin et plus hardi ; ce fut même ce qui causa sa mort.

Un jour d'arrivée du courrier d'Alger, le général Pélissier, qui venait de recevoir ses dépêches, causait dans la cour avec le général de Mac-Mahon, alors commandant à Tlemcen.

Le général Pélissier tenait à la main une dépêche du gouverneur général qu'il n'avait pas encore décachetée.

En parlant, il avait les mains derrière le dos.

Cadet flânait dans la cour, suivant sa coutume.

Il aperçut le papier que le général tenait précisément à sa portée. Il s'approcha doucement, il saisit la dépêche et il l'engloutit aussitôt.

Une dépêche du gouverneur général non décachetée !

La colère du général fut telle, que la mort de Cadet fut décrétée.

Quelques jours après, Cadet faisait son entrée, rôti, dans la salle de la Popote...

Personne de nous ne put mordre à Cadet, non par vénération pour son souvenir, mais par suite de la dureté excessive de sa chair.

La nourriture des journaux avait développé sa coriacité à un point véritablement étonnant.

Tioûth fut le seul qui put célébrer les funérailles de *Cadet*, en appliquant l'usage émanant des lois religieuses des anciens habitants de Java, qui mangeaient solennellement leurs défunts amis et parents.

La dureté constatée de feu *Cadet*, on regretta qu'il se fût autant occupé de politique, et les abonnements ne furent plus renouvelés.

V

La ménagerie du Château-Neuf

Si la Popote avait quatre bêtes privilégiées, la ménagerie du Château-Neuf possédait une véritable collection de tous les types des animaux de la province.

C'était bien rare qu'on revînt d'expédition sans ramener avec soi quelqu'habitant du désert, et les chefs arabes envoyaient souvent en présent au général, des lionnes, des sangliers, des porc-épics, des gazelles, des autruches.

Il y avait alors au Château-Neuf une petite lionne grosse comme un *king's charles*.

Elle se promenait avec une faveur rose autour du cou, et elle commençait à montrer ses petites dents naissantes qui promettaient, et qu'elle se plaisait à aiguiser sur les bas de pantalons dont elle emportait souvent un morceau, ce qui amusait fort le général.

Si la lionne prenait plaisir à pincer les mollets des officiers de service et des visiteurs, elle en prenait un bien plus grand encore à jouer avec les gazelles.

Il y avait à cette époque, un troupeau de gazelles, qui faisait un des plus charmants ornements du Château-Neuf.

Il n'est peut-être pas, dans la famille des mammifères, d'animal plus fin, plus élégant, plus coquet que la gazelle, avec sa robe fauve clair, son ventre blanc, sa tête fine et mignonne, aux yeux bleus et au doux regard, avec ses petites cornes pointues aux anneaux saillants, avec ses pattes d'une ténuité et d'une finesse extrêmes.

Gracieuse, légère, timide, la gazelle justifie parfaitement les comparaisons et les images de la poésie arabe.

Mais, quoique la gazelle ne soit nullement méchante, elle est tellement craintive, qu'il est presque impossible de la priver complétement.

J'ai essayé bien souvent à en rendre familières et je n'y suis pas parvenu.

Un jour cependant que je traversais la plaine de la Mina, à Bel-Assel (sur la route de Mostaganem à Orléansville), en allant rendre une visite à Sidi-

Laribi, le *kalifa du Cheurg*, c'est-à-dire le grand chef de l'Est (Sidi-Laribi est le plus riche et le plus puissant des Arabes de la province d'Oran, et il est commandeur de la Légion-d'honneur), en allant visiter ce grand seigneur, dis-je, j'achetai à un petit arabe, qui menait paître ses chèvres, une jolie gazelle, toute jeune, qu'il venait de prendre.

Je la rapportai, j'en eus grand soin, je l'élevai et je m'efforçai de développer en elle ses instincts domestiques, mais ce fut peine perdue.

Tout ce que je parvins à obtenir fut de la faire venir à moi en lui offrant des feuilles de tabac dont elle était très-friande.

La chasse à la gazelle est la chasse favorite de l'Arabe, et le chien la mène exactement comme il mène le chevreuil.

En Syrie et dans les environs de Tunis, j'ai assisté à des chasses à la gazelle faites par le faucon dressé.

C'est un des priviléges des chefs que d'avoir à leur service ces oiseaux rapaces. Ils sont fiers de leur fauconnerie comme l'étaient jadis nos nobles aïeux.

L'origine de cette chasse, chez le peuple arabe, remonte évidemment à l'époque des croisades.

La chasse au faucon était un véritable culte pour les princes chrétiens et ils importèrent ce goût en Palestine.

Les Sarrazins imitèrent les chrétiens et les Arabes les Sarrazins.

Aujourd'hui on ne chasse plus au faucon en Europe, mais on chasse encore ainsi dans quelques contrées de l'Afrique et de l'Asie, de l'Afrique surtout.

Au reste, rien n'est plus curieux ni plus étrange que ce genre de chasse. Celles auxquelles j'ai pris part sont restées gravées dans ma mémoire.

Quand on arrivait en vue des troupeaux de gazelles, que l'on aperçoit de loin dans ces plaines plates et arides, on décapuchonnait un des faucons que portaient les nègres.

L'oiseau prenait son vol sans trop s'élever.

Dès qu'il apercevait une gazelle au-dessous de lui, il décrivait un cercle rapide, puis fermant subitement ses ailes, il se laissait tomber comme une masse, perpendiculairement, sur sa proie.

C'était toujours à la nuque que le faucon saisissait la gazelle et jamais la pauvre bête n'échappait à la serre de son ennemi, qui lui crevait les yeux.

La gazelle affolée prenait la fuite.

Le faucon, sans lâcher prise, la saisissait à la gorge se laissant emporter et la déchirant de son bec et ses ongles jusqu'à ce quelle tombât épuisée.

A propos de ces chasses au faucon, je me rappelle un accident survenu à l'un des oiseaux chasseurs et qui m'a extrêmement surpris.

Sur le bord d'un puits, dans un oasis, il y avait un héron de la grande espèce, fort occupé à chercher, dans l'eau saumâtre avec son long bec, des insectes aquatiques.

Un faucon lancé, en apercevant le héron, plana au-dessus de lui et s'abattit tout à coup ; mais le héron, avec une précision qui lui est familière, il paraît, redressa aussitôt son bec qu'il maintint perpendiculairement.

Ce bec, au cône allongé, pointu, fit l'office de la broche. Le faucon, percé d'outre en outre par la pression de son propre poids, fut tué sur le coup.

Mais ces souvenirs de chasse m'entraînent bien loin : à Oran, nous n'avions pas de faucons et les gazelles du Château-Neuf avaient été chassées, non par les oiseaux de proie, mais par des Arabes qui les avaient prises au piège.

Aussi avaient-elles conservé, dans leur entier, leur nature sauvage.

Elles s'accordaient fort mal avec une demi-douzaine de graves autruches, qui, perchées sur une patte et, se plaçant d'ordinaire sous la colonnade de la cour particulière du général, semblaient autant de statues.

Parmi ces autruches, il y en avait une qui faillit causer la plus pénible méprise et qui fit accuser de vol un malheureux soldat innocent.

Il y avait, au Château-Neuf, un officier du génie, qui habitait avec sa famille.

Il avait fait faire son portrait photographique, et ce portrait, encadré, était accroché près d'une fenêtre, dans un petit salon du rez-de-chaussée donnant sur un petit jardin.

C'était dans ce petit salon que se tenait ordinairement la dame, lisant et travaillant près de la fenêtre.

Son mari s'absenta, envoyé en mission par le général.

Elle regardait chaque jour le portrait de l'officier.

Un matin, elle ne le vit plus... Elle le chercha partout, elle ne le trouva pas. Elle interrogea tous et toutes, elle n'apprit rien.

Elle pensa que le cadre, étant en cuivre doré, il avait dû tenter le soldat attaché au service personnel de son mari.

Les soupçons pesèrent rapidement sur le malheureux qui ne se doutait de rien, quand une autruche fut trouvée morte un matin, et cette mort vint tout éclaircir.

On l'ouvrit comme on les ouvre toutes, comme on avait ouvert celle qui était morte d'une indigestion de cadenas.

Le premier objet qu'on trouva fut le portrait de l'officier, intact.

Le dame raccrocha le portrait de son mari, mais plus éloigné de la fenêtre, hors de portée de la longueur du cou d'une autruche, et l'innocence du soldat accusé fut proclamée.

Il y avait aussi au Château-Neuf un gros porc-épic, constamment caché dans quelques coins obscurs, et dont la présence se révélait, quand on passait près de lui, par le bruit du hérissement de ses longs piquants.

Enfin il y avait encore un sanglier énorme, nommé *Bou-Maza*, et un chien, particulièrement affectionné du général et appelé *Ramponneau*, du nom d'une chanson que tous ceux qui ont fait des expéditions avec le maréchal Pélissier dans la province d'Oran doivent connaître.

Ramponneau était devenue la chanson favorite de la Popote.

En expédition, lorsqu'à deux heures du matin on sonnait la diane pour profiter de la fraîcheur de la nuit, les soldats se mettaient en marche à demi sommeillant encore :

— Chantez *Ramponneau !* disait le général à ses officiers.

Ramponneau était aussitôt entonné, et la chanson, devenue populaire, courait de la tête à la queue de la colonne, réveillant les plus endormis.

Ramponneau n'a qu'un couplet, mais ce couplet est long, car il est interminable, il se répète sans cesse. Il a un commencement, mais il n'a jamais de fin.

Il n'y a pas non plus de nombre fixe de chanteurs pour célébrer *Ramponneau*, — on peut être deux, on peut-être vingt, on peut-être deux cents, on peut-être deux mille.

Le premier chanteur commence la chanson. Il dit, seul, les six premiers vers.

Le second chanteur entonne le premier vers au moment où le premier chanteur dit le septième.

Le troisième fait sa partie comme le second a fait la sienne, il part au septième vers du second et au treizième du premier.

Tout se continue ainsi.

Chacun chante pour soi et l'harmonie est dans la confusion de l'ensemble.

Au reste, *Ramponneau*, chanté en chœur, est d'un effet très-comique, et ce comique m'a tellement frappé, que lorsque je pense à *Ramponneau*, je souris malgré moi et je me rappelle toutes les paroles.

Les voici dans toute leur naïveté :

>Sur le quai de la ferraille
>Passait Ramponneau,
>Marchand de coco,
>Qui disait d'une façon fort aimable
>A tout un badaud
>Qu'avait chaud :

A la fraîche !... A la glace !...
A la fraîche ! à la glace ! Qui veut boire ?
Venez, mes enfants !
Revenez souvent !
Et surtout, payez argent comptant !
Mais le bigre
Ne disait pas son fin petit mot,
C'est que sa prétendue glace
Cuisait depuis deux heures en plein soleil !!!

Ramponneau, le chien de race bâtarde qui avait hérité du nom de la chanson, en avait l'aspect comique.

Ramponneau, plus souvent appelé *Ponneau*, aimait à plaisanter et surtout avec *Bou-Maza*, le gros sanglier, qui avait l'habitude pénible pour ceux qui le rencontraient, de passer partout en droite ligne, avec la vitesse et la brutalité d'un boulet.

Dans une cour carrée mitoyenne avec celle de l'ancien palais des beys, il y avait une petite galerie au premier étage, courant sur les quatre côtés, et sur laquelle s'ouvraient, comme dans toutes les constructions turques, les portes d'entrées des chambres.

Ces chambres étaient celles habitées par l'état-major de la division.

Un escalier rapide descendait tout droit dans la cour.

Bou-Maza, quand il était gai, et cela lui arrivait

hélas ! trop fréquemment, gravissait en deux bonds l'escalier et faisait, à fond de train, le tour de la galerie.

Quand, en pareille circonstance, on rencontrait *Bou-Maza*, on n'avait qu'un seul moyen d'éviter le désagrément d'une rencontre qu'une paire de boutoirs remarquables pouvait rendre dangereuse. On enjambait précipitamment la balustrade sur laquelle on se maintenait à cheval et, *Bou-Maza* passé, on reprenait sa marche.

Mais quand on le rencontrait soit montant, soit descendant l'escalier, l'inconvénient était alors beaucoup plus grand ; ainsi j'ai été à même, une fois, d'en juger.

Bou-Maza avait pour appartement un long couloir situé à l'extrémité des écuries et donnant sur cette cour carrée.

Bien souvent, après déjeûner et tandis que le général Pélissier, entouré de son état-major et de ses invités, fumait sous les arcades mauresques sur lesquelles s'ouvrait son salon de réception, on se donnait, dans la grande cour, le joyeux plaisir de la chasse.

— Ramponneau ! — disait le général — appelle les chiens !

Ramponneau qui comprenait merveilleusement, se mettait aussitôt à hurler avec un entrain, une verve et une puissance de gosier, qui faisait accourir subitement tous les chiens du Château-Neuf.

Au bout de cinq minutes d'appel, il y avait une meute tumultueuse dans la grande cour.

— Fermez la grande porte! — ordonnait le général.

Alors il n'y avait plus de communication qu'avec la cour carrée des bâtiments de l'état-major.

— Lâchez *Bou-Maza!*

C'était le signal.

Bou-Maza lâché entrait tranquillement au pas dans la cour. Ramponneau le regardait, puis il donnait de la voix et il s'élançait vers le sanglier qui s'en allait au trot... sans se presser.

Aussitôt tous les chiens se mettaient à sa poursuite et la chasse commençait.

Bou-Maza, excité, accélérait sa course, faisant tête de temps en temps aux chiens qui s'arrêtaient en hurlant plus fort.

Les gazelles éperdues, s'enfuyaient dans toutes les directions avec un doux bêlement plaintif, le porc-épic se hérissait, les autruches ouvraient leurs ailes en courant et en allongeant, au passage, de vigoureux coups de pieds aux chiens qui souvent allaient rouler à dix pas. L'autruche regardait sa victime et elle ouvrait le bec.

Ramponneau, lui, menait rondement la chasse.

Les chiens aboyaient à pleine gorge, *Bou-Maza* grognait, les autruches croassaient et *Schabbâh* qui, de sa cage voyait la chasse, sans pouvoir y prendre part, rugissait bruyamment de colère et d'impatience.

C'était un vacarme étourdissant, sans nom, auquel se joignaient les éclats de rire de tous les spectateurs.

Quand *Bou-Maza* avait fait, en sens différents, cinq ou six fois le tour de la grande cour, il passait brusquement, par l'étroite ouverture, dans la cour carrée.

Les chiens le suivaient.

Bou-Maza s'élançait alors sur l'escalier rapide dont il franchissait les marches et il faisait le tour des bâtiments sur l'étroite galerie, qui craquait sous le poids du poursuivi et des poursuivants, puis il redescendait.

Alors il rentrait dans la grande cour.

Au milieu de cette grande cour, en face de la cage de *Schabbah*, il y avait une fontaine d'eau vive sur laquelle grimpaient des jasmins et qui formait le centre d'un énorme bassin assez profond.

Quand *Bou-Maza* en avait assez, il accourait vers le bassin dans lequel il se précipitait d'un bond, en faisant jaillir des montagnes d'eau qui inondaient la cour.

Les chiens entouraient aussitôt le bassin en aboyant plus bruyamment, les gazelles se tenaient à distance et les autruches, formant groupe, contemplaient le spectacle avec un redoublement de gravité et d'immobilité.

C'était l'*Hallali!*

Bou-Maza sortait alors du bassin, il se secouait et il rentrait tranquillement dans sa bauge, sans se retourner.

La pièce était jouée et tous les acteurs actifs quittaient la scène.

Alors les autruches se mettaient solennellement à marcher, et les gazelles, un peu moins effrayées, avançaient leurs museaux fins et regardaient autour d'elles.

C'était l'heure du travail, le général rentrait dans son cabinet et les officiers dans les bureaux de l'état-major.

VI

Le maréchal Pélissier

— Ce qu'il y a de singulier dans ma carrière militaire — nous disait le général Pélissier, un soir, où, prenant le frais sur la terrasse du pavillon mauresque situé à l'extrêmité du jardin du Château-Neuf, nous causions, laissant errer nos regards sur cette pittoresque ville d'Oran et sur la mer étalant à perte de vue sa majestueuse immensité, — ce qu'il y a de singulier dans ma carrière, c'est que j'ai toujours eu un commandement supérieur à mon grade, c'est-à-dire que j'ai constamment commencé par remplir les fonctions, ensuite j'ai eu le titre, mais ensuite seulement.

« Chef d'escadron d'état-major, j'ai dirigé jadis

l'état-major de cette province, poste constamment occupé depuis par un lieutenant-colonel.

« Lieutenant-colonel, je fus chef d'état-major du maréchal Bugeaud, fonction appartenant à un colonel.

« Colonel, j'eus à Isly, à la tête de l'aile gauche de l'armée, un commandement de général de brigade.

« Et, général de brigade, commandant en chef la province d'Oran, je remplis aujourd'hui les fonctions de général de division. »

C'était en 1850, au mois de mars, que le général parlait ainsi.

S'il eût pu alors prévoir l'avenir, il eût certes insisté plus encore sur cette particularité de sa brillante carrière.

Effectivement, général de division, il devait avoir devant Sébastopol un commandement de maréchal de France, et, maréchal de France, il a eu en Afrique un commandement équivalent à une vice-royauté.

Ce que la modestie du maréchal lui empêchait de dire, mais ce qui était strictement vrai, ce qui peut ressortir des faits historiques mêmes, c'est que, pour lui, la récompense n'a jamais fait que suivre le service rendu. En le récompensant, la patrie acquittait une dette envers l'un de ses plus braves enfants.

En écrivant ces lignes, je n'ai nullement l'intention de tracer une biographie détaillée de l'homme illustre que la France entière regrette. Ce que je veux, c'est après une esquisse rapide de sa brillante carrière, raconter quelques faits que des circonstances toutes particulières m'ont mis à même de connaître.

Le maréchal est né le 6 novembre 1794 et il est mort le 22 mai 1864. Sur les soixante-dix années de son existence, cinquante et une ont été consacrées au service du pays.

Fils de cultivateurs établis à Maromme (Seine-Inférieure), le maréchal, comme les héros de l'antiquité, passa ses jeunes années dans les plaisirs des champs.

Admis à vingt ans au Prytanée militaire de la Flèche, il fut envoyé, au bout de *deux mois*, à l'école spéciale de Saint-Cyr, dont il fut un des plus brillants élèves.

Le 18 mars 1815, deux jours avant l'arrivée de l'empereur Napoléon Ier à Paris, il entra comme sous-lieutenant dans l'artillerie de la Maison du roi.

Le 10 avril suivant, il allait rejoindre le 57ᵉ de ligne, un des régiments de l'armée d'observation du Rhin.

Mis en non activité au licenciement du 26 août,

il fut replacé, le 25 octobre, dans la légion départementale de la Seine-Inférieure.

Les loisirs de la garnison lui permirent de satisfaire ses goûts qui le poussaient aux études sérieuses.

Il consacra son temps au travail, ne se lassant jamais, et se préparant ainsi à passer cet examen brillant dont les fastes de l'École d'état-major ont gardé le souvenir.

Reçu le 20 janvier 1819 à cette école spéciale qui venait d'être fondée, il en sortit le 16 août 1820 avec le grade de lieutenant aux hussards de la Meurthe.

Distingué par le général Grundler, qui se l'attacha comme aide de camp, il fit la campagne d'Espagne, de 1823, et il gagna sur le champ de bataille la croix de la Légion-d'honneur et celle de Saint-Ferdinand.

Rentré en France en pleine paix, il étudia à fond les manœuvres du camp de Saint-Omer, il adressa même sur ce sujet un rapport spécial au ministre de la guerre.

Successivement attaché aux généraux Bourcke, Vallin, Ledru des Essarts, le jeune officier quitta le 13ᵉ de ligne, son régiment, pour entrer dans la garde royale. Il fut nommé capitaine le 1ᵉʳ avril 1827.

Voulant donner à son nouveau grade le baptême

de feu, il demanda avec instance à faire partie de l'expédition de Morée, et le général Durrieu se l'attacha comme aide de camp.

Pendant cette campagne, Pélissier fut nommé chevalier de Saint-Louis, en récompense de l'éclatante bravoure dont il avait fait preuve au siége du château de Morée.

En 1830, il prit une part si brillante à la grande expédition d'Alger, que, le 2 octobre, il fut nommé chef d'escadron d'état-major, et au mois de décembre suivant, officier de la Légion-d'honneur.

Ces deux récompenses accordées à distance si courte, disent assez les services que l'officier d'état-major avait rendus, et combien on comptait sur ceux qu'il devait rendre.

Dans les rapports des généraux, il fut signalé au ministre de la guerre, comme un officier plein d'avenir.

En 1832, il entra au Dépôt de la guerre où il dirigea, pendant plusieurs mois, la section militaire d'Alger; puis, il fut aide de camp du général Pelet, au corps d'observation de la Meuse, pendant l'expédition d'Anvers.

De 1834 à 1837, il demeura à Paris, attaché à la place.

Enfin, en 1839, un champ plus vaste et plus favorable au développement de ses grandes qualités s'offrit au jeune officier.

Nommé lieutenant-colonel le 20 novembre, il retourna en Afrique, sur cette terre qui devait devenir pour lui une seconde patrie, et où son nom, connu de tous, a été un gage de sécurité pour notre belle colonie.

Chef d'état-major de la province d'Oran, il fit, en mai 1841, l'expédition de Tagdempt; il assista au combat de l'Oued-Melah le 19 juillet, et, après la brillante expédition du Chéliff, il fut nommé colonel le 8 juillet 1842.

En 1843, il fit une razzia sur les Flittas, une autre sur les Sbihh dans le Dahra, et le 14 août 1844, il contribua puissamment à la glorieuse victoire d'Isly.

Promu maréchal de camp le 22 avril 1845, il fut mis à la disposition du gouverneur général, qui le chargea d'atteindre et de disperser les tribus redoutables des Ouled-Felloha et des Ouled Boatkouna, ce dont il s'acquitta avec son énergie et sa promptitude ordinaires.

Puis, il fut nommé commandant de la province d'Oran, en 1848.

Il y avait donc plus d'une année que le général habitait le Château-Neuf, lorsque le voyage que je fis en Afrique me permit de passer près d'une année auprès de lui, de le voir chaque jour, de prendre souvent part à ses causeries intimes et d'emporter enfin des souvenirs qui ne s'effaceront jamais.

Comme tous les hommes placés dans une position supérieure, le maréchal Pélissier a eu des ennemis et des amis, mais il n'a jamais laissé après lui l'indifférence. Ou on l'aimait ou on le craignait, c'était l'un ou l'autre.

Au premier abord, il faut l'avouer, et il l'avouait lui-même, le maréchal n'était pas toujours aimable. Il aimait à donner ce qu'il nommait *son coup de boutoir*.

C'était, d'ordinaire, une plaisanterie caustique qui frappait juste sur quelque défaut ou sur quelque faute.

Quand on ne fuyait pas devant l'attaque et qu'on tenait ferme, il faisait la paix avec un sourire. Il préférait même, et j'en ai souvent fait la remarque, ceux qui ripostaient spirituellement au coup de boutoir à ceux qui n'osaient répondre.

En pareille circonstance, le capitaine Cassaigne, son aide-de-camp, n'hésitait pas et ne restait jamais en arrière.

J'ai même souvenir d'une riposte que Cassaigne envoya au général, un soir où, chez M. Dillon, l'intendant militaire de la division d'Oran, nous faisions une partie de whist.

Pendant les trois premiers robres, j'avais été le partenaire du général et le hasard protecteur nous avait fait constamment gagner.

Au quatrième robre, on tira, et Cassaigne prit ma place en face du général.

J'avais l'honneur d'avoir pour partenaire M. le colonel du génie Tripier (1).

Le colonel était déjà ce que le général a continué à être depuis : un joueur de whist remarquable.

Nous gagnâmes.

Le général Pélissier n'aimait pas perdre, non pas pour la perte en elle-même, mais parce qu'il n'aimait pas avoir le dessous.

S'en prenant à Cassaigne, il lui décocha, dans un moment de mauvaise humeur, un trait d'une vivacité telle, que la situation fut immédiatement tendue.

Cassaigne tenait les cartes, faisant ce qu'on appelle le *ménage*. Il riposta aussitôt avec une vivacité égale à celle de l'attaque.

Il y eut un court silence, puis Cassaigne dit en continuant de battre les cartes :

— C'est à *mon partenaire* à donner.

— C'est vrai, — dit le général, — *mon partenaire* a raison.

Effectivement, à cette table de whist il n'y avait ni général ni aide-de-camp ; il y avait deux joueurs, deux partenaires.

Jamais, après ces échanges de boutades, le gé-

(1) Le colonel Tripier, nommé général le 24 novembre 1854, devant Sébastopol. — Membre du Comité des fortifications.

néral ne boudait, et, il faut le dire, s'il blessait il savait aussi guérir.

Ceux qui n'ont pas aimé le maréchal étaient ceux qui ne le voyaient que rarement. Tous ceux, au contraire, qui l'ont approché, qui ont été dans son intimité, ont eu pour lui un respect profond et une affection sincère.

Il y a dans la vie intime du maréchal des traits, inconnus de la masse, mais connus de beaucoup de ceux qui ont été près de lui en Afrique, traits qui décèlent l'excellence du cœur et la grandeur du dévouement. Que de bien il a fait dans sa vie intime, que de services il a rendus!

S'il y avait parfois brutalité dans ses saillies, il y avait toujours en lui ces sentiments généreux qui expliquent l'attachement profond de tous ceux qui ont vécu dans son intimité.

Un de ceux que le maréchal a le plus aimé, a été Cassaigne, son aide-de-camp, celui dont je viens de parler.

Cassaigne était un de ces hommes merveilleusement doués, que la nature semble créer pour les positions supérieures quand le hasard de la vie ne s'oppose pas à leur élévation.

Cassaigne, quand je le vis à Oran, avait alors trente-deux ans. Il était né en 1817, à Bayonne.

Entré à Saint-Cyr en 1835, à dix-huit ans, il en sortit le premier, comme numéro d'ordre, en 1837.

De là, il entra naturellement à l'École d'État-Major.

Il se distingua tellement durant les deux années d'études, que son souvenir est resté dans la légende de l'École, comme celui du plus brillant des élèves.

Lieutenant en décembre 1839, à sa sortie de l'École, il passa, suivant l'usage consacré, deux années dans un régiment d'infanterie et deux années dans un régiment de cavalerie.

Nommé capitaine en 1843, il fut employé aux travaux topographiques en Algérie pendant trois années.

En 1846, le général Pélissier qui, comme colonel chef d'état-major de l'armée d'Afrique, avait eu Cassaigne sous ses ordres, lui proposa d'être son aide-de-camp.

Cassaigne accepta.

A l'époque où j'allai visiter mes amis d'Oran, Cassaigne était donc attaché au général depuis trois ans.

Pendant près d'une année, tous les jours je vis Cassaigne et tous les jours je causai avec lui; à Alger surtout où, à la suite d'un accident, Cassaigne fut obligé de passer six semaines à l'hôpital.

C'était pendant un séjour à Alger du général Pélissier, nommé gouverneur général par intérim. Cassaigne, dans une excursion, avait fait une chute de cheval et il s'était gravement blessé à la jambe.

Condamné à l'immobilité, il n'avait d'autres distractions que nos visites ; aussi allions-nous plus encore causer avec lui ; moi surtout qui étais absolument libre de mon temps.

Le souvenir de ces causeries-là est resté gravé dans ma mémoire, car Cassaigne était non-seulement un officier extrêmement remarquable, mais c'était encore un véritable savant et un artiste distingué.

Dessinateur habile, poëte facile, causeur spirituel, il adjoignait aux qualités les plus brillantes, les qualités les plus solides. Tous ceux qui l'ont connu, l'ont aimé.

Cassaigne était plus que l'aide-de-camp de son général, il était son ami intime. Tous deux avaient l'un pour l'autre une affection profonde, ils savaient qu'ils pouvaient compter sur cette affection jusqu'à la mort, et Cassaigne l'a prouvé.

En Crimée, et dans les derniers mois de sa vie, Cassaigne a montré tout ce qu'il était capable de faire par le rôle actif qu'il joua dans les conseils intimes du général en chef, services éminents que le général aimait à reconnaître avec sa brusque franchise.

Devant Sébastopol, Cassaigne devait mourir en soldat, glorieusement, en portant un ordre du général en chef au milieu du feu, le jour de la prise de la tour Malakoff.

J'ai eu sur la mort de Cassaigne et sur l'effet produit par cette mort sur le général, des détails touchants que m'a donnés un de mes meilleurs amis, colonel d'état-major, qui était lui-même, ce jour-là, près du général Pélissier.

L'action était dans toute sa vigueur. Le général en chef, placé près des palissades, suivait, de l'œil, la marche rapide des colonnes d'attaque.

Il avait envoyé Cassaigne porter un ordre à la batterie Lancastre.

L'action continuait plus effrayante.

— Cassaigne ne revient pas ! — dit le général avec impatience.

Un nouveau temps s'écoula.

— Cassaigne ne revient pas ! — dit encore le général, mais cette fois avec inquiétude.

Et ses yeux se portèrent sur l'horrible massacre qui ensanglantait les remparts de la tour.

— Pourquoi Cassaigne ne revient-il pas ? — dit-il une troisième fois.

Et appelant un de ses officiers d'ordonnance :

— Allez chercher Cassaigne.

L'officier partit au galop. — Un quart d'heure après il revenait.

— Eh bien ? — dit le général.

— Le colonel est blessé, — répondit l'officier d'ordonnance qui était un peu pâle.

— Grièvement ?

— Je ne crois pas, général.

— Alors retournez dire à Cassaigne de venir. Qu'on l'apporte ici, s'il ne peut marcher.

L'officier partit. Puis il revint. Sa pâleur était plus grande :

— Cassaigne vient-il ? — demanda le général.

— Non général. Il ne peut, — répondit l'officier d'ordonnance. — Sa blessure est trop grave.

Le général regarda fixement l'officier :

— Cassaigne est mort ! — dit-il. — S'il était vivant il serait ici !

Et c'était vrai : Cassaigne venait d'être tué par un boulet à la batterie Lancastre.

La nuit, pendant les incessantes explosions des magasins à poudre et des défenses que les Russes faisaient sauter avant d'abandonner la ville, l'ivresse du triomphe glorieux régnait dans le camp français et dans le camp anglais.

C'était une grande victoire, une victoire décisive qui assurait le succès de la campagne.

Le général Pélissier, après avoir parcouru le camp, après avoir reçu sous sa tente les généraux français et anglais, le général Pélissier, dont la joie aussi devait être grande, laissa partir ceux qui étaient venus célébrer la victoire, et appelant l'officier d'ordonnance qui lui avait appris la fatale nouvelle :

— Où est Cassaigne ? — dit-il.

— Là ! — répondit douloureusement l'officier en désignant une tente fermée devant laquelle veillait un soldat.

Le général entra dans la tente et il y resta longtemps.

Cassaigne avait un frère capitaine de zouaves, qui, lui aussi, était au siége de Sébastopol.

Ce frère, ce même jour, avait été tué à l'attaque du petit Redan.

Le matin, les deux frères s'étaient serré la main avant le premier coup de feu, et, un instant séparés dans la vie, ils devaient, quelques heures plus tard, se trouver réunis dans la même tombe.

Quand la terre fut jetée sur le corps du lieutenant-colonel Cassaigne, le général Pélissier dit, en pleurant, tous les regrets que ressentait son cœur et toute la douleur qu'il éprouvait, au milieu de sa victoire, de la perte de celui qu'il avait si souvent nommé son fils et son meilleur ami.

Ce jour-là aussi, le général fit une perte doublement douloureuse et comme général et comme homme.

A la première attaque de Malakoff, Gaulier de La Grandière, capitaine-adjudant au bataillon des chasseurs à pieds de la garde, fut tué à côté de ses deux chefs, le général Saint-Pol et le commandant Cornulier qui, eux aussi, tombèrent morts au moment où ils s'élançaient.

Le capitaine Gaulier de La Grandière, que le général aimait beaucoup, était l'un de ses officiers d'ordonnance à l'époque où j'étais en Afrique.

Ces deux morts furent pour le général le deuil de sa victoire.

Mais les souvenirs et les regrets, en me rapprochant des temps présents, m'ont éloigné de l'époque où les glorieux événements de la campagne de 1854-55 ne pouvaient être prévus.

Retournons donc en arrière et revenons aux années 1849 et 1850, à Oran, au Château-Neuf, là où le duc de Malakoff n'était encore que le général de brigade Pélissier.

Cassaigne alors n'était donc que capitaine d'État-Major, et Gaulier de La Grandière, le second officier d'ordonnance attaché au service du général, n'était que lieutenant au 8ᵉ bataillon des chasseurs à pieds.

Le premier officier d'ordonnance du général était le capitaine d'artillerie de Rollepot (aujourd'hui chef d'escadron dans l'artillerie de la garde impériale).

Avec son aide-de-camp et ses deux officiers d'ordonnance, le général Pélissier avait encore, attaché à son service de gouverneur de la province, un interprète de 1re classe.

Cet interprète était alors un tout jeune homme qui se nommait Goërt (1).

Goërt était un enfant français, né en Afrique, je crois, ou du moins habitant l'Afrique depuis sa plus tendre jeunesse.

Habitué aux usages et au climat, il parlait l'arabe aussi bien qu'un fils du désert.

Quand on était en paix, ce qui n'arrivait pas souvent, et quand on ne s'occupait pas des préparatifs d'une expédition à faire, la vie du général toujours très-occupée était réglée, jour par jour, avec une régularité parfaite.

Il était rare que le lendemain il ne fît pas aux mêmes heures ce qu'il avait fait la veille.

Le général avait une qualité précieuse pour un homme doué d'une organisation active et d'un besoin incessant de travail : il dormait fort peu.

Quand il avait sommeillé deux ou trois heures, cela lui suffisait.

Mais si cette qualité était précieuse pour le général, c'était une cause de tourments nocturnes pour tous ceux qui habitaient au Château-Neuf des logements voisins de sa demeure particulière.

Le général rentrait rarement dans sa chambre avant une heure du matin. Souvent il ne dormait pas : il écrivait sa correspondance la nuit, mais

---

(1) Aujourd'hui interprète de 1re classe près le commandant de la division d'Oran.

quand il dormait, il se réveillait toujours de trois à quatre heures du matin.

Il se levait et il commençait sa promenade matinale dans le Château-Neuf, et surtout dans la cour où étaient les chambres des officiers d'état-major, cette cour que Bou-Maza aimait aussi.

Nous avions pour habitude de laisser, nuit et jour, qu'on sortit ou qu'on rentra, la clef sur la porte.

Le général faisait son choix : il tournait une clef doucement, puis il entrait sans faire de bruit.

Il regardait le dormeur.

Quand il était bien certain que l'officier n'avait pas entr'ouvert la paupière, il prenait soit un vase mauresque plein d'eau, soit un dictionnaire gigantesque ou un autre objet lourd et surtout bruyant.

Le dormeur, réveillé subitement par une immersion ou par un choc, poussait un cri, et le général lui demandait comment il avait passé la nuit.

On riait et on causait, car le matin, le général qui n'était pas encore fatigué par le travail de la journée, était toujours de bonne humeur.

Il aimait beaucoup à savoir les nouvelles amusantes de la ville, surtout le lendemain d'un bal, d'un dîner ou d'une soirée.

J'ai eu ma part de ces réveils précédant quelquefois l'aurore.

Cependant j'ai souvenance que si un certain

matin le général était entré dans mon pavillon mauresque, il eut eu beau employer les moyens les plus énergiques et les plus bruyants, il ne m'eut certes pas réveillé.

Quand je pense à cet accès de sommeil, je comprends les effets d'une crise léthargique.

J'avais été chasser dans la plaine d'Eghris, près de Mascara, où les sangliers et les gazelles abondent.

Après une huitaine de jour de chasse, j'avais repris, à cheval, le chemin d'Oran.

D'Oran à Mascara et de Mascara à Oran, il y a 96 kilomètres à parcourir, en suivant une route qui est praticable, mais très-fatigante.

Il faut suivre des sentiers taillés dans les montagnes, et traverser, deux fois, sans pont, l'Oued-el-Habra, cette rivière maussade qui va serpenter dans les marais pestilentiels de la Macta et dont les eaux âcres et salées, ne sont pas potables, ce qui est très-pénible par une chaleur de 39° à 42° à l'ombre.

Après un parcours de quarante-huit kilomètres, on arrive heureusement à un lieu de calme et de repos : Saint-Denis-du-Sig.

J'étais parti de Mascara après la grande chaleur, c'est-à-dire vers trois heures de l'après-midi.

J'arrivai à Saint-Denis avec un concert de chacals qui fêtaient mon passage au clair de lune, au moment où huit heures sonnaient,

C'était un capitaine de génie de mes amis, Alquié, qui dirigeait alors l'*Union agricole*.

Nous soupâmes, nous veillâmes tard en causant, et le lendemain matin, à cinq heures Alquié me réveillait pour aller chasser dans la forêt de palmiers nains de Muleï-Ismaël.

Après avoir tué des perdrix maigres et un lynx pour un lièvre, je revins au Sig pour déjeûner, et remontant à cheval, je me mis en route pour Oran.

Or, de Saint-Denis-du-Sig à Oran, il y a 15 lieues.

J'étais parti en plein soleil, voulant arriver le même jour à Oran.

J'avais heureusement un excellent cheval arabe que rien ne fatiguait. Je l'avais laissé reposer toute la matinée pendant la chasse. — (Alquier m'avait fait monter un de ses chevaux) — et au départ il était aussi frais que s'il n'avait pas fait la veille la route de Mascara au Sig.

Quand nous arrivâmes à Oran, Brillant et moi, j'étais plus fatigué que lui.

Il est juste dire que je ne m'étais pas reposé le matin, et que j'avais fait cinq ou six lieues à cheval dans les broussailles de palmiers nains.

J'étais parti de Mascara la veille, à trois heures, et j'arrivai à Oran le soir à sept heures. En l'espace de vingt-huit heures, j'avais donc parcouru à cheval une route de *vingt-sept* lieues avec une chasse qui avait duré quatre heures.

En arrivant à Oran, je voulus souper : je m'endormis sur une chaise au premier plat.

Il paraît cependant que je parvins à me mettre au lit sans aide.

Le lendemain matin, à six heures, on essaya les batteries basses qui étaient au pied du fort, presqu'au dessous du pavillon qui me servait d'habitation.

Il y avait douze pièces de 48. — On tira trois coups par pièce, je n'entendis rien.

Quand je me réveillai, personne ne voulut croire que je n'avais pas entendu tonner les canons, et moi je fus convaincu qu'on se moquait de moi à propos de l'essai de la batterie.

Malheureusement, ce matin-là, le général n'eut pas la pensée de me réveiller. C'eût été une expérience à faire.

A cinq heures du matin la promenade du général cessait. Il rentrait dans la cour du palais des anciens Beys, et il attendait la musique du régiment de la Légion étrangère que commandait alors le colonel Mellinet, et qui venait sonner la *diane* au Château-Neuf.

Le général Mellinet a, personne ne l'ignore, la passion développée de la musique et, plus encore, il est doué d'un véritable talent de bon musicien.

Dans sa glorieuse carrière militaire, il a presque toujours consacré les loisirs que lui laissait trop rarement sa vie active, au double travail de la composition et de l'exécution.

Colonel de la Légion étrangère, il avait entrepris de perfectionner la musique de son régiment.

Chaque jour, il la faisait venir dans la cour de la maison mauresque qu'il habitait, et placé sur la terrasse qui surmontait la colonnade, il présidait à l'exécution des morceaux.

Grâce à son véritable sentiment d'artiste, le colonel parvint à rendre excellente et savante la musique de la légion étrangère.

Quand cette musique donnait un concert sur le rond-point de la promenade, c'était un grand plaisir de l'entendre et toute la ville accourait.

Aussi chaque matin le colonel envoyait-il, pour faire plaisir au général, sa musique au Château-Neuf et les fanfares du réveil, résonnant harmonieusement dans la résidence du gouverneur de la province, nous faisaient agréablement ouvrir les yeux.

Les fanfares entendues, le général se mettait au travail jusqu'à onze heures.

Alors il passait dans son immense salon mauresque et là il recevait ses invités, car, chaque jour à déjeûner, comme chaque jour à dîner, il y avait grands repas au Château-Neuf.

Officiers arrivant de France ou venant des subdivisions, fonctionnaires civils, consuls ou notables d'Oran, tous recevaient de nombreuses invitations et venaient journellement s'asseoir à cette table que présidait le général-gouverneur.

Après le déjeûner, qui se faisait rapidement, on se promenait dans la cour et dans les jardins.

Le général se remettait au travail jusqu'à quatre heures. Alors il sortait tantôt en voiture pour aller faire des visites, tantôt à cheval pour aller se promener.

Il n'y avait d'exceptions, dans ces habitudes journalières que les jours d'arrivée du courrier de France qui, d'ordinaire, mouillait à Mers-el-Kebir, dans l'après-midi.

Quant aux courriers d'Alger, ils arrivaient chaque semaine, mais le matin.

Après le dîner, le général, les jours de représentation au théâtre, allait occuper sa loge.

Les autres jours, il se rendait sur cette magnifique promenade bordée de cactus gigantesques qui domine la baie de Mers-el-Kebir et le ravin blanc, et sur laquelle toute la population élégante d'Oran vient, ainsi que je l'ai dit, entendre les concerts organisés par les musiques des régiments.

L'hiver le général donnait des bals, et rien n'était plus singulier et plus étrange que ces bals où les uniformes des officiers se mêlaient aux éclatants costumes des chefs arabes et aux habits brodés des consuls et des hauts employés de la préfecture.

Fort peu d'habits noirs servaient là de repoussoir aux toilettes des dames, dont les couleurs fraîches étaient effacées par l'éblouissant écarlate, le bleu azur et les ornements d'or dont se paraient les cavaliers.

Tous ces bals étaient très-gais et c'était une fête pour Oran, aussi le général en donnait-il souvent.

Douze cents personnes eussent été à l'aise dans le salon mauresque que bordait une arcade intérieure.

VII

Les grottes du Dahra

Il y a dans la vie militaire du maréchal Pélissier un fait, qui a soulevé durant de longues années trop d'orages de tribune et de journalisme autour de son nom, pour qu'il soit oublié aujourd'hui : je veux parler du fameux incendie des grottes de l'Ouled-Rhia, dans le Dahra.

C'était en 1845. Bou-Maza venait de prêcher la guerre sainte contre les Français.

En peu de temps l'insurrection avait fait des progrès rapides, et elle embrassait tout le Dahra, cette vaste plaine qui s'étend de Tenez à Mostaganem et qui va rejoindre, au sud, les gorges de l'Ouarensenis, tandis qu'elle touche, à l'est et à l'ouest, la province d'Oran, et la province d'Alger.

Rien n'est curieux et pittoresque comme le paysage que présente cette partie de notre colonie, terrain tout hérissé de masses rocheuses qui s'affrontent entre elles et forment, par leur juxtaposition, des excavations énormes, des crevasses profondes descendant à pic au fond d'un ravin.

El Kantara (le pont), disent les Arabes quand ils veulent désigner un de ces groupes de rochers et ils ont raison de les appeler ainsi, car ces rochers, s'équilibrant par leur poids respectif, se maintiennent au-dessus du lit d'un profond torrent, et, s'unissant à leur extrémité, présentent un passage au-dessus du vide.

D'autres plus grands, et creusés par le temps, forment des grottes servant de repaires à des tribus braves, fanatiques, pillardes : les Ouled-Younès, les Sébéah, les Chemfa, les Ouled-Riah.

Les Arabes du Dahra s'étaient levés, comme se lèvent les Arabes, au moment où on les croit endormis dans le calme le plus parfait : colonnes surprises et massacrées, voyageurs assassinés et pillés, convois saccagés, horreurs commises telles que savent en commettre les mulsumans ; la guerre avait éclaté avec la vigueur et la soudaineté de la foudre.

Le péril était extrême, car cette vaste conspiration, ourdie dans l'ombre, menaçait, si elle réussissait sur un point, d'éclater à la fois dans nos trois provinces et de compromettre ainsi les efforts de quinze années et nos succès récents d'Isly.

Le maréchal Bugeaud était si bien convaincu de l'importance de la situation, qu'il se porta lui-même sur Tenez, où le mouvement venait d'éclater, lançant dans le Dahra trois colonnes commandées par des hommes d'une énergie et d'une vigueur reconnues : les colonels Pélissier, Ladmiraud et Saint-Arnaud, avec ordre de réprimer l'insurrection par un coup de foudre.

« Il faut bien que le public sache, dit plus tard le maréchal Bugeaud en donnant des explications sur cette affaire, combien il était important, pour la politique et pour l'*humanité*, de détruire la confiance que les populations du Dahra et de beaucoup d'autres lieux avaient dans les grottes.

« Toutes les tribus qui en possédaient s'y croyaient inexpugnables, et, dans cette opinion, elles se sont montrées de tout temps très-récalcitrantes.

« Sous les Turcs, elles refusaient l'impôt fort souvent, et, quand la cavalerie du gouvernement se présentait, la tribu tout entière se retirait dans les cavernes, où l'on ne savait pas la forcer.

« Abd-el-Kader lui-même l'a éprouvé à l'égard des Sébéahs, qui se sont mis deux fois en révolte contre lui.

« Il a pu les réduire au moyen de sa grande influence morale, qui lui a permis de les faire bloquer et séquestrer par les autres tribus environnantes; mais un pareil moyen serait inefficace entre nos mains; on ne sert pas les *chrétiens* comme on sert Abd-el-Kader. »

L'une de ces trois colonnes lancées dans le Dahra, celle du colonel Pélissier, rencontra sur sa route les Ouled-Riah, qui accueillirent les Français à coups de fusil, et qui, poursuivis, se réfugièrent dans leurs fameuses grottes.

Le colonel dispose ses troupes immédiatement pour bloquer ces grottes, et, les dispositions prises, il envoie des parlementaires.

Ceux-ci s'avancent sur la foi des conditions ordinaires de la guerre ; mais, à peine ont-ils franchi les limites du terrain occupé par les Arabes, qu'ils sont assaillis, renversés et *impitoyablement massacrés*.

C'était une de ces lâchetés ignobles, telles qu'en commettent ces peuples fanatiques.

Cet acte de férocité eût justifié des représailles immédiates ; mais il n'en fut pas ainsi.

Le colonel Pélissier voulut tenter de nouvelles démarches : resserrant son blocus, il redoubla de persévérance, et enfin il reçut la promesse que de nouveaux parlementaires seraient entendus et respectés.

Les pourparlers s'ouvrirent; ils durèrent tout une journée sans aboutir à rien.

Les Ouled-Riah n'avaient qu'une réponse : « Que les Français se retirent d'abord, ensuite nous sortirons et nous nous soumettrons. »

Croire à une semblable promesse eût été une niaiserie pour tous ceux qui connaissent la mauvaise foi arabe.

Le colonel leur fit proposer, à plusieurs reprises, de se rendre, en leur promettant de respecter les personnes et les propriétés, de n'en considérer aucun parmi les chefs comme prisonnier de guerre et de se borner au désarmement.

Convaincus que les Français ne pouvaient les forcer, les Arabes s'obstinèrent à demeurer enfermés dans leur repaire.

Effectivement, tenter de pénétrer dans ces grottes à l'ouverture étroite eût été sacrifier en vain toute la colonne.

Deux hommes bien armés et résolus eussent suffi pour interdire cette entrée praticable pour un seul homme.

Bon nombre de soldats avaient déjà péri, tués par les Arabes, qui tiraient comme des chasseurs embusqués à l'affût.

Espérant intimider ses ennemis par la terreur, le colonel fit rassembler des fascines coupées à la hâte, et il ordonna qu'on en bourrât les fissures des rochers.

Les Arabes pouvaient voir ces apprêts ; le colonel

les fit prévenir plusieurs fois qu'on allait les enfumer s'ils ne consentaient pas à se rendre; mais l'obstination du peuple fataliste est de celles que rien ne peut détruire : les Ouled-Riah refusèrent de sortir.

La nuit venait. Que devait faire le colonel ?

Qui connait les Arabes sait qu'ils ne comprennent ni la générosité, ni le pardon.

Pardonner ou laisser vivre, c'est, pour eux, déclarer avoir peur. Or si on a peur, c'est qu'on se sent moins fort, et dans ce cas, on doit être tué par celui qu'on n'a pas osé tuer, puisqu'il est le plus fort.

C'est simple et logique.

Le colonel Pélissier qui connaissait merveilleusement l'Afrique comprenait toute l'énorme importance d'un triomphe et tout le danger d'une hésitation.

Puis, se retirer devant les ennemis, c'eut été abandonner la partie!

Etait-ce possible ?

Ce faisant, il eût manqué à son devoir, il eût manqué aux ordres reçus, il eût manqué à ses soldats eux-mêmes, qui frémissaient de rage et d'impatience.

D'ailleurs, la conséquence politique de cette détermination eût été désastreuse : la confiance dans les grottes eût grandi chez les Arabes ; puis l'insurrection eût triomphé.

Tenter d'enlever de vive force la position était, je le répète, impossible.

Tous ceux qui ont visité les lieux ne peuvent être que de cet avis.

Le colonel Pélissier eût-il donc agi plus humainement en faisant massacrer les soldats de la France qu'en tuant des Arabes, des ennemis encore souillés du sang des voyageurs assassinés, des officiers surpris, des parlementaires égorgés ? Fallait-il se résigner à un simple blocus ?

Mais les Ouled-Riah avaient dans leurs grottes deux à trois mille chèvres et moutons et de l'eau douce dans leurs puits.

Ce blocus pouvait durer au moins un mois, et la colonne n'avait pas assez de vivres.

Puis, bloquant les Ouled-Riah, elle eût été attaquée par les autres tribus, et elle se fut trouvée assiégée à son tour.

Enfin, les autres colonnes, celle du colonel Saint-Arnaud, celle du colonel Ladmirault, ne pouvaient-elles pas avoir besoin de secours, et le colonel Pélissier devait-il risquer de compromettre le résultat entier d'une expédition ?

S'il eût fait cela, s'il eût été la cause de la perte des autres colonnes, quel sanglant et juste reproche n'eût-on pas pu lui adresser ?

6

Je ne crois pas qu'aucun de ceux qui connaissent l'Afrique ait pu le blâmer.

Trois mois après, les Arabes massacraient par surprise la garnison de Djemma-Ghazaouat, et sur trois cent cinquante soldats commandés par le lieutenant-colonel de Montagnac, quatorze seulement survivaient à la défense de Sidi-Brahim.

A cette époque où Abd-el-Kader était encore dans toute sa puissance, et où il envahissait incessamment notre territoire, les défections dans les tribus, qui nous avaient longtemps été fidèles, se propageaient avec une rapidité extrême.

Un échec éprouvé par nous eut augmenté encore ce nombre de défections.

Cette fièvre d'insurrection chez les Arabes, nation guerrière par excellence, était si puissamment contagieuse, qu'elle envahit en six semaines les subdivisions de Mascara, de Mostaganem, d'Oran, d'Orléansville, de Milianah.

Tous les soldats de nos postes isolés, de nos postes télégraphiques, étaient assassinés lâchement par les Arabes qui captivaient leur confiance en leur apportant du lait, des œufs, du gibier.

Une nuit le poste s'endormait : le lendemain il ne se réveillait plus.

Et les soldats trouvaient, sur la route, des vivandières auxquelles on avait coupé les mains et les pieds.

Et tandis qu'Abd-el-Kader enflammait la province d'Oran, Bou-Maza reparaissait dans le Sud-Ouest de la province d'Alger et soulevait les tribus des Djebel-Dira.

En présence de tous ces faits, je le répète encore, au milieu d'un pays en révolte, le colonel Pélissier pouvait-il reculer devant la nécessité de la destruction des ennemis pour empêcher la destruction des siens ?

Quant au moyen d'attaque, il n'y en avait pas d'autre possible que celui qu'il a employé et que les Arabes connaissent bien, puisqu'ils le mettent souvent en pratique.

VIII

Saint-Cloud d'Afrique

Il y avait six semaines que j'étais à Oran sans souffrir de la chaleur, car j'étais arrivé à une époque où le thermomètre ne monte plus à 40 degrés.

Je n'avais fait jusqu'alors que quelques excursions autour de la ville. J'avais visité La Senia, ce village de fermiers oranais, et le *Figuier*, qui garde comme souvenir historique le traité signé en 1835, entre le général Trézel et les chefs des grandes tribus des Douairs et des Zmélas. Depuis ce traité, ces tribus, qui détestaient Abd-el-Kader parce que c'était un homme issu des *basses tentes* (ce qui veut dire un homme du peuple), sont restées nos amies fidèles, et le général Mustapha-ben-Ismaël, leur illustre chef, l'a prouvé.

A Sidi-Chami, village créé alors depuis cinq ans et situé à trois lieues au sud-est d'Oran, il y avait des fermes modèles pour l'élevage des bestiaux.

Mais de toutes mes promenades journalières, celle qui m'intéressait le plus était la route de Misserghin.

Misserghin, gros bourg important, à 15 kilomètres d'Oran dans la direction de Tlemcen, avait été la résidence favorite des anciens beys d'Oran.

Depuis notre conquête de la province, on avait construit là un grand quartier de cavalerie qu'occupait la cavalerie indigène, les Spahis.

Misserghin est, dans les environs d'Oran, une des localités les plus heureusement situées. Son exposition en rend le climat agréable ; ses terres sont d'une grande fertilité et les eaux y sont abondantes. Aussi voit-on les orangers, en pleine terre, atteindre les proportions des chênes de nos pays. Des jasmins gigantesques, des rosiers du bengale grimpant autour des orangers, mêlent leurs feuillages et leurs fleurs odoriférantes aux branches feuillues et garnies de fleurs des arbres avec lesquels ils s'unissent et se confondent.

J'avais fait l'ascension du Santa-Cruz cette montagne qui se dresse en face d'Oran et que couronne à son faîte un vieux fort dont il ne reste que les débris d'une chapelle saintement révérée par les Espagnols. Un sentier, pittoresquement taillé sur les flancs de la montagne, permet d'arriver à cheval jusqu'au fort, mais il faut la sûreté du pied d'un cheval arabe pour faire cette ascension, car le sentier est si étroit, que deux chevaux ne peuvent marcher de front et on a toujours à sa droite, en montant et à sa gauche, en descendant, un précipice presqu'à pic, dont la profondeur augmente ou diminue en raison du degré de l'ascension ou de la descente.

Le Santa-Cruz a 500 mètres d'altitude, et, de son sommet, on jouit du coup d'œil d'un éblouissant panorama. On a, devant soi, toute la baie d'Oran et l'immensité lointaine de la Méditerranée. — A sa gauche, la plaine des Andalouses avec ses nombreux cours d'eau et que borne à l'Ouest, le Rio-Salado des Espagnols devenu l'Oued-el-Melâh des Arabes. — A ses pieds, Oran et les nombreux villages qui l'entourent. Cette vue est vraiment éblouissante.

Au reste, Oran est une des villes les plus riches en panoramas. De tous les points culminants qui l'entourent ou qui saillissent au milieu d'elle, le regard est pittoresquement charmé.

Souvent aussi, j'allais à Mers-el-Kebir rendre visite à mes amis du *Lavoisier*, corvette de l'État en station à Oran, et qui, tous les deux mois, faisait le service de courrier entre Oran et Tanger, stationnant à Nemours et à Gibraltar. J'ai fait deux ou trois fois à bord du *Lavoisier*, cette promenade maritime qui durait une vingtaine de jours, quand le temps était beau.

Mais toutes ces excursions, qui m'intéressaient fort, ne me suffisaient pas : j'avais hâte de visiter l'intérieur de la province.

Vers la fin d'octobre, j'appris que l'on allait inaugurer les courses de Mostaganem.

C'était la première fois qu'on importait, dans la province africaine cet usage emprunté par la France à l'Angleterre.

Aux courses régulièrement établies, on devait joindre les *fantasias* arabes. Cela promettait, car la *fantasia* est une de ces fantaisies singulières, que les tribus du Tell surtout regardent comme le synonyme du bonheur suprême.

Puis il y avait un pittoresque voyage à cheval à faire.

D'Oran à Mostaganem, il y a vingt lieues, et la route suit les côtes.

Nous partîmes Renson, Lallemand, Doulcet et moi.

Nous avions quatre soldats qui nous suivaient, menant en main nos chevaux de rechange.

Pour voyager en Afrique, il ne faut jamais de bagage embarrassant : la moindre petite valise attachée à la selle, est tout ce qu'on peut emporter avec soi, sans embarras.

Partis de bon matin d'Oran, nous devions aller coucher à Arzew, ce charmant port de mer qui est précisément le point central de la route d'Oran à Mostaganem.

Nous n'avions que neuf lieues à faire dans la journée : nous pouvions donc aller lentement et examiner attentivement.

Les trois amis, avec lesquels je faisais route, étaient en Afrique depuis leur sortie de l'École d'État-Major.

Ils avaient fait avec le duc d'Aumale, le maréchal Bugeaud, le général Lamoricière et le général Cavaignac toutes les rudes et difficiles campagnes de 1845, 46, 47 et 48.

Connaissant à fond la province d'Oran, chaque point de route, que nous traversions, réveillait dans leur souvenir quelqu'anecdote que j'étais heureux d'entendre.

En quittant Oran, nous nous étions naturellement dirigés vers l'Est.

Le premier village que nous rencontrâmes, et qui n'était pas alors très-important, fut Sid-Ali.

Depuis cette époque M. Garbé, qui était préfet d'Oran, quand j'étais à Oran et qui a donné sa démission en 1850 ou 51, je crois, a établi une colonie sérieuse sur l'emplacement de ce village.

Un filateur de Lyon y a créé aussi un établissement pour la filature et le tissage de la soie.

Mais quand nous passâmes à Sid-Ali en octobre 1849, il n'y avait rien que d'humbles cabanes.

Après Sid-Ali, nous traversâmes une plaine immense de palmiers nains et nous aperçûmes tout-à-coup les maisons européennes du village de Saint-Cloud.

Saint-Cloud était une de ces récentes colonies fondées par les décrets du gouvernement provisoire au bénéfice des ouvriers de Paris sans ouvrage.

Des navires de l'État transportaient, de Toulon à Mers-el-Kebir, les convois d'émigrants et d'émigrantes volontaires.

Les avantages étaient réellement grands pour ceux qui eussent voulu prendre la situation au sérieux.

Le voyage de Paris à Oran était fait aux frais de l'Etat.

A l'arrivée, on donnait aux colons des villages entièrement construits. C'était le Génie qui avait fait toutes ces constructions en pierres. Ce n'était pas des chaumières, c'était des maisons.

Avec son droit d'habitation, le colon recevait un lot de terrain à cultiver, tous les outils nécessaires pour défricher, pour planter et pour cultiver, et on lui assurait sa vie matérielle jusqu'à la moisson.

En cas de maladie contractée par le changement de climat, les colons pouvaient être ramenés en France sur leur simple réclamation.

De Paris à Toulon, chaque convoi avait l'air d'un cortége de fête. Tous les visages étaient riants : on se figurait acomplir la route du Paradis terrestre.

Les vieux soldats de l'armée d'Afrique, qui servaient d'escorte, racontaient à leurs compagnons et surtout à leurs compagnes de route des histoires qui augmentaient l'enthousiasme des émigrants et des émigrantes.

Tous ceux qui partaient, espéraient devenir millionnaires en l'espace de quelques mois.

A Toulon, on s'embarquait, au milieu de l'enthousiasme général.

Quand la mer était belle, le plaisir continuait, pas pour les officiers et les matelots, mais pour les futurs colons.

J'ai eu, par des amis officiers de marine, des détails assez amusants sur l'un de ces passages.

C'était à bord du *Titan*.

Le ciel était splendide et la mer *comme de l'huile*, suivant l'expression marseillaise.

Emigrants et émigrantes se portaient à ravir, car la corvette marchait à toute vitesse, sans le moindre roulis ni le plus léger tangage.

La gaieté était sur tous les visages : on dansait, on chantait, on riait, on faisait des plaisanteries plus ou moins spirituelles et tout d'abord, au départ, on avait envahi le pont de l'avant à l'arrière, sans se soucier des lois maritimes.

A bord, l'arrière, du grand mât au couronnement, est spécialement réservé aux officiers. Les matelots qui occupent l'avant, ne franchissent la limite que pour le service.

L'officier de quart fit donc évacuer l'arrière au grand mécontentement des émigrants et surtout des émigrantes.

Ils étaient là sept ou huit cents, entassés à l'avant et gênant fort le service, mais le temps était si beau que personne ne voulait descendre.

Les officiers craignaient les querelles, les disputes, entre les émigrants et les matelots, car ceux-ci, peu habitués à avoir deux ou trois cents jeunes femmes ou jeunes filles à bord, semblaient fort disposés à être galants.

Il fallait redoubler de surveillance.

Les femmes se coiffaient mutuellement sur le pont. Elles se paraient le mieux possible, elles se préparaient aux fêtes que l'on projetait pour charmer le voyage.

Au premier dîner, on fit descendre les émigrants et les émigrantes dans l'entre-pont et on les servit dans des gamelles en bois.

Ce fut un *tolle* général.

Manger dans du bois! dans des écuelles!

On envoya immédiatement une députation au citoyen commandant.

La députation se plaignit amèrement de la vaisselle en bois, disant que les citoyens officiers ne mangeaient pas là dedans et que l'égalité était une loi reconnue :

— Oui, — répondit le citoyen commandant, — mais les citoyens matelots y mangent dans du bois et dès lors vous pouvez y manger sans déshonneur.

Et avec un geste impérieux, le commandant congédia la députation.

Mais les députations étaient alors de mode et le commandant n'était pas au bout des réclamations et des observations.

A propos des hamacs et des couchers de paille, une seconde députation vint demander des lits plus convenables.

Une troisième réclama du tabac, une quatrième ce qu'il fallait pour organiser un bal, enfin c'était une révolution complète à bord et l'état major était à bout de patience.

— Heureusement, — me dit l'officier qui me racontait dans ses détails cette traversée des colons, — heureusement que le lendemain matin nous avons eu, un coup de vent et la vague devint sèche. En un quart d'heure, le pont fut débarassé : émigrants et émigrantes s'affalèrent dans l'entre-pont et ils ne pensèrent plus ni à danser, ni à chanter, ni à envoyer des députations. Jusqu'à l'entrée en rade de Mers-el-Kebir, nous eûmes gros temps ce qui assura notre tranquillité.

L'officier disait vrai, mais aussi quand les colons avaient fait une traversée par une mauvaise mer, quand ils avaient été provisoirement campés à Oran, quand ils se mettaient en route pour la colonie désignée et qu'ils traversaient, sous les brûlantes atteintes d'un soleil torride, les plaines dénudées et poussiéreuses, la déception commençait.

Cependant la vue du village construit rappelait la gaieté et l'entrain.

On s'installait dans la maison qu'on avait choisie, on visitait le terrain qui était devenue propriété, et comme on avait, pendant un temps donné, la vie matérielle assurée, on ne songeait qu'à avoir une existence agréable et *politique*.

Politique était alors dans toutes les bouches.

Aussi, à peine installés à Saint-Cloud, les nouveaux arrivés commencèrent-ils à organiser un club. — Le club était de mode en 1848.

On prit la plus grande maison du village, on enleva les cloisons du rez-de-chaussée et on organisa l'assemblée politique qui devait avoir trois séances par semaines, le mardi, le jeudi et le samedi.

Comme on n'avait pas besoin de la salle les

lundis et les dimanches, on la convertit, ces jours-là, en salle de bal.

Des cabarets et des cafés furent ouverts dans le village, et on songea à établir, dans une maison bâtie sur la place centrale, une salle de spectacle.

Saint-Cloud ne s'appelait pas Saint-Cloud, quand les colons Parisiens y arrivèrent.

Je ne sais plus le nom arabe qui lui avait été donné lors de sa création, mais c'était un *Sidi*.... quelconque.

A la première assemblée du club, il fut décidé que le nom arabe serait à jamais effacé et on baptisa la colonie nouvelle de celui de Saint-Cloud, pour rappeler la fête populaire de cette commune des environs de Paris où les melons obtiennent leur suprême succès.

Depuis ce temps, le village fut nommé : Saint-Cloud.

Naturellement, à côté de l'organisation indépendante que voulaient établir les colons, il y avait une organisation dépendant de l'administration militaire de la province.

Un capitaine du génie était directeur de la colonie, et il avait avec lui une compagnie pour préserver le village des attaques des Arabes pillards de la plaine du Tlélat.

Ce capitaine qui se nommait Chaplain et que j'ai eu le plaisir de voir, et dans ses fonctions et après ses fonctions remplies, était certes le directeur le meilleur, le plus dévoué, le plus patient, le plus désireux de voir les colons heureux et la colonie prospérer, que les nouveaux débarqués eussent pu désirer.

Chaplain avait été appelé à Paris par le général Lamoricière, alors ministre de la guerre, pour organiser les convois des colons.

La pensée de la colonisation germait depuis longtemps dans l'esprit du général. Devenu ministre, il fit voter un décret ouvrant un crédit de cinquante millions pour l'établissement des colonies agricoles en Afrique.

Chaplain qui avait la même conviction que son général, était l'homme le mieux choisi pour tenter cet essai si important de la colonisation. Si quelqu'un devait réussir, c'était lui.

Heureux de la mission qu'il recevait, il se chargea, avec un empressement sincère, de conduire son premier convoi de colons de Paris à Saint-Cloud d'Afrique.

Durant la route, le capitaine prodigua ses soins à ceux qu'il dirigeait, et il ne recula devant aucune fatigue, se sacrifiant à sa conviction sincère qu'il allait contribuer à faire le bonheur de tous ces gens.

Malheureusement tous ces colons qui quittaient Paris n'étaient pas les meilleurs parmi la classe ouvrière. Beaucoup s'en allaient uniquement pour voyager, pour se promener gratis, pour changer de place, pour s'amuser enfin.

Puis, le désir de connaître l'inconnu, de traverser la mer, et la certitude de ne manquer de rien en route contribuaient à l'entrain du départ.

Mais, malheureusement encore, tous ces émigrants et toutes ces émigrantes étaient de ceux qui manquaient de travail, souvent par leur faute, et qu'aucune affection ne retenait à Paris.

Aussi, tous ces colons qui rêvaient fortune facile, n'avaient rien de ce qu'il fallait pour aller demander à cette terre inculte le produit de la culture.

Aucun labeur n'est plus pénible, plus fatiguant, plus rude que le défrichement de cette terre d'Afrique, qu'une pioche n'a jamais attaquée, et qui, depuis la création du monde, est demeurée vierge et s'est endurcie sous les reflets d'un soleil brûlant.

Puis tous, hommes et femmes, la plupart ébénistes, tapissiers, miroitiers, couturières, fleuristes habitués à toutes les professions du commerce parisien, qui n'a aucun rapport avec la culture de la terre, tous n'avaient rien de ce qu'il fallait pour triompher par le travail des difficultés à vaincre.

Aux premiers coups de pioche donnés dans ce sol aride et plus dur que la pierre, dont il fallait tout d'abord arracher les racines enlacées des palmiers, des cactus et des aloës, pour le remuer, l'assainir et lui donner le don de la production, les colons s'arrêtèrent et perdirent courage.

Déjà peu disposés au travail : la difficulté devint pour eux un obstacle invincible.

Abandonnant la culture intelligente, ils ne s'occupèrent plus que de politique, laissant leurs femmes et leurs filles planter des petits jardins autour des maisons et apprendre leurs rôles pour les représentations du dimanche.

A chaque séance du club, il y avait quelque blâme adressé ou quelqu'observation faite au citoyen capitaine directeur de la colonie avec lequel on commençait à être beaucoup moins bien.

Chaplain, persévérant dans ses idées et convaincu qu'il devait réussir, voulut ramener ses administrés au travail.

Il se fâcha contre ceux qui étaient les chefs et qui excitaient les autres à ne rien faire.

Naturellement, il n'allait pas au club et il ne pouvait combattre les accusations que lui prodiguaient les meneurs.

On l'accusait d'être un ennemi de la République, d'attenter à la liberté des citoyens et lui, qui était républicain par excellence, on le déclarait tyran aristocrate.

Chaplain était la patience même, mais voyant

l'obstination qu'on mettait à ne pas le comprendre, il se fâcha de plus en plus.

Ce n'était pas tout : le club, dont les chefs s'étaient déclarés directeurs de la colonie, envoyait à chaque instant députation sur députation à Oran, pour porter des plaintes, présenter des observations et même faire des remontrances au citoyen général commandant la province.

A la première députation, qui était venue à Oran, le général Pélissier avait fait preuve de patience. Il avait écouté les orateurs et il leur avait répondu sans la moindre brusquerie.

Quand on annonça l'arrivée de la seconde députation, le général fronça les sourcils et après avoir écouté l'orateur, il lui fit une de ces réponses foudroyantes qui coupent nettement la parole sur les lèvres.

A la troisième députation, avant que l'orateur ne parlât, le général lui tourna le dos et quitta le salon.

Mais les colons de Saint-Cloud étaient entêtés et le club décida qu'une quatrième députation serait envoyée au général pour lui demander de changer le capitaine directeur.

Le général écouta la demande, puis s'avançant vers les députés :

— Citoyens colons, — dit-il, — si vous ne pouvez plus vous entendre avec le citoyen capitaine directeur, je le rappellerai avec sa compagnie et alors, pour vous préserver des dangers, des attaques et des pillages, j'enverrai, pour vous garder, un goum de mes citoyens Arabes qui campera autour de votre village.

La députation retourna à Saint-Cloud, et un blâme fut voté à l'unanimité contre le citoyen général. On l'accusa même d'avoir menacé Saint-Cloud d'une razzia et on ne parla rien moins que d'envoyer une députation au citoyen ministre.

Le plus à plaindre, cependant, était l'excellent capitaine. Désolé de voir la nullité et l'indolence de ceux sur l'énergie desquels il avait compté, il sentit son caractère s'aigrir.

Moins on travaillait et, naturellement, plus on allait au Club, plus on dansait, plus on chantait, plus on buvait au cabaret, et plus on s'occupait du théâtre de société organisé avec grand soin et dont la salle s'emplissait le dimanche.

Le mécontentement du capitaine augmentant, l'inimitié croissante augmenta entre lui et les colons. Cette inimitié prit même une telle proportion que le capitaine du génie, sentant sa patience à bout et ne voulant pas se laisser aller à un mouvement de colère, donna sa démission de directeur.

Quand il revint à Oran, reprendre sa place à la Popote, il nous raconta toutes ses vicissitudes et il jura qu'il ne voulait plus se mêler de colonisation dans de semblables conditions.

Profitant de la facilité qui leur était donnée de retourner en France, en cas de maladie causée par le climat, beaucoup, après quelques mois de séjour, se crurent attaqués de la fièvre et demandèrent leur passage.

Quant à ceux qui restaient, comme, pour la plupart ils ne travaillaient pas, et ne s'occupaient pas de défrichement et encore moins de plantations sur cette terre qui ne demandait qu'à produire, et qu'il fallait les nourrir, les guider et les surveiller sans utilité aucune pour la colonie, on les embarqua aussi et on les retourna en France.

Quelques-uns, les plus intelligents et les plus laborieux, restèrent.

Ceux-là firent fortune.

Travaillant sans relâche, ils découvrirent des sources d'où les eaux, jointes à celles des sources précédemment trouvées, purent, à l'aide d'un ingénieux système d'irrigation, préparer les terrains défrichés à une culture bien entendue.

Bientôt les mûriers se dressèrent là où rampaient les palmiers nains, et ils promirent d'excellents résultats aux éleveurs de vers à soie. Le chanvre poussa avec une vigueur merveilleuse, et on fit du charbon avec les broussailles qui entravaient la culture.

Un des premiers colons établis, un Espagnol intelligent, qui avait pris à la journée les colons n'ayant pas l'intelligence de travailler pour eux-mêmes et qui les faisait travailler pour son compte, eut l'ingénieuse idée d'établir un service d'omnibus-diligence entre Saint-Cloud et Oran.

Il acheta une carriole, il y attela un cheval et il fit le service une fois par semaine.

Bientôt on attela deux chevaux, puis trois, puis quatre, et la diligence fit la route trois fois par semaine.

En quelques années Saint-Cloud prospéra.

Aujourd'hui, c'est une des colonies les plus importantes de la province. Siége d'une justice de paix, Saint-Cloud est peuplée de près de 2,000 habitants européens.

Elle compte plus de 300 maisons et elle a une pépinière, des bains et une ambulance.

Conservant cependant les premières inclinations de ses premiers colons, Saint-Cloud s'est fait une large part aux délassements et aux plaisirs : salle de spectacle, salles de bal, jardins publics, guinguettes, cafés, estaminets, rien n'y manque.

C'est que maintenant Saint-Cloud est riche, et sa population peut devenir joyeuse, puisqu'elle a été et qu'elle est encore laborieuse et intelligente.

Les mauvais colons sont partis et les bons sont restés, mais au mois d'octobre 1849, alors que nous nous arrêtâmes à Saint-Cloud, pour y déjeuner, la colonie était loin d'être ce qu'elle est aujourd'hui : les mauvais colons s'opposaient aux travaux des bons.

Nous étions dans une auberge-café-restaurant-estaminet. Il y avait une jeune fille, type de l'ouvrière parisienne aimant à danser le dimanche, qui était à la fois demoiselle de comptoir, cuisinière et maîtresse de maison. C'était la fille du cabaretier.

Son père avait été concierge à Paris avant 1848 et, en 1849, il avait voulu voyager.

Cette jeune fille paraissait en proie à un ennui profond, à un découragement complet, à un accès de spleen.

Nous lui demandâmes ce qu'elle avait.

Elle poussa un profond soupir, et elle nous avoua que ce qui causait son découragement et son ennui, ce qui l'empêchait de s'habituer à l'Afrique, c'était, qu'à Saint-Cloud, il n'y avait pas de piano !

Un piano ! La pauvre enfant eut tout supporté, si elle avait eu à sa disposition cet instrument qui fait le bonheur et le malheur de l'enfance et de la jeunesse, par le temps qui court.

Après avoir essayé de consoler la malheureuse musicienne sans instruments, en lui donnant l'espérance d'un avenir musical meilleur, nous reprîmes la route d'Arzew.

Une heure après nous traversions Sainte-Léonie,

cet autre village créé en 1846 pour recevoir des émigrants prussiens, et qui était en pleine prospérité.

Au moment où le soleil descendait à l'horizon, nous aperçûmes, se dessinant sur la teinte rouge du ciel, les maisons blanches d'Arzew.

IX

Route de Mostaganem

Arzew est un délicieux port de mer, offrant son abri protecteur à tous les navires de commerce que le vent du large chasse si souvent du mouillage des autres points de la côte, du cap Carbon à l'embouchure du Chélif, ces deux points extrêmes du golfe.

La ville, couchée sur l'extrémité du versant de cette chaîne de montagnes bordant la côte, et que domine le *Djebel-Karkar* (montagne du Lion), a en face d'elle son port, et pour horizon les flots bleus de la Méditerranée.

Est-ce l'antique *Arsenaria*?

Monsieur Mac-Carthy le nie obstinément. Cependant, il y a, à six kilomètres du port d'Arzew, les assises, en pierres taillées, d'une longue muraille regardant la mer, et d'autres fragments de mur, des citernes, des tronçons de colonnes épars, des inscriptions qui dénotent l'existence d'une ville romaine.

Arzew, avant notre occupation, avait une importance maritime que les habiles travaux opérés dans la baie d'Oran et à Mers-el-Kebir, ont considérablement diminuée.

Pendant les guerres du premier empire, il partait, chaque année, plus de 300 navires, du port d'Arzew, pour aller porter du grain et des bœufs à l'armée anglaise occupant l'Espagne.

Maintenant Arzew est surtout une ville de pêcheurs, dont le commerce s'étend dans tous les villages du littoral.

Elle a conservé cependant sa célèbre fabrique de poterie, dont la réputation est grande dans les trois provinces, surtout par le mérite des gargoulettes, des alcarrazas et de tous les vases en terre rouge qui ont le don de rafraîchir les boissons.

Il y a quelques années, on avait établi une *madrague*, à laquelle une centaine d'individus étaient employés, et qui promettait un avenir prospère dans la pêche, car les thons abondent dans ce golfe dans les mêmes proportions que sur les côtes de la Sicile.

Malheureusement l'entrepreneur est mort, et

personne après lui n'a continué l'exploitation.

Nous dînâmes chez l'officier qui commandait à Arzew, et le lendemain matin nous reprîmes la route de Mostaganem.

Nous laissâmes la mer à gauche, et nous nous dirigeâmes vers Saint-Leu, cette autre nouvelle colonie agricole située à 10 kilomètres d'Arzew.

La route montait rapidement. Arrivé au point culminant, j'arrêtai mon cheval pour promener mon regard sur le paysage.

A gauche, à une lieue, s'étendait la mer, dont nous séparait une côte rocheuse.

En face, en contre-bas, la plaine à l'entrée de laquelle étaient groupées les maisonnettes de Saint-Leu, et dont l'extrémité se perdait dans les marais pernicieux de la Macta.

Après avoir examiné attentivement ces points de vues du nord et de l'est, je tournai la tête à droite, vers le sud.

Je poussai un cri d'admiration :

— Ah!... — fis-je, — quel admirable lac !

Effectivement, j'apercevais, à courte distance, un lac d'une immense étendue, et dont les eaux immobiles et limpides reflétaient comme une glace le paysage et le ciel.

Ce miroitement avait de si éblouissants reflets, que je demeurais dans une sorte d'extase. Jamais je n'avais vu d'effets semblables de lac.

— Que c'est beau, — dis-je avec admiration. — Ce lac est glacé comme un miroir.

— Veux-tu venir y prendre un bain? — me demanda Renson en riant.

— Dans le lac? — m'écriai-je. — Bien volontiers. Ce doit être charmant de nager dans cette eau limpide.

En octobre, avant la saison des pluies, la température est assez élevée en Afrique pour que l'on ne craigne pas encore un bain d'eau froide.

Nous quittâmes la route pour suivre un sentier, et nous nous dirigeâmes vers le lac.

En nous rapprochant, les reflets me paraissaient encore plus nets et plus précis.

— Singulier effet du soleil, — dis-je encore. — L'eau est blanche comme neige.

En achevant cette observation, je m'aperçus que mes compagnons de route souriaient en me regardant.

— Quoi? — fis-je, — est-ce que je me trompe? est-ce que je subis un effet de mirage?

— A peu près, — me répondit Lallemand. — Ce lac que vous voyez est bien un lac, mais ce n'est pas un lac d'eau vive, c'est un lac de sel.

Effectivement, ce que j'avais vu était les salines d'Arsew, dont l'exploitation répand depuis longtemps, à elle seule, l'aisance dans le pays.

Le lac salé, qui s'étend à 14 kilomètres d'Arsew

en face Saint-Leu, à une étendue de 12 kilomètres de longueur sur 6 au moins de largeur.

Le sel s'y cristallise sans aucune main-d'œuvre ; la nature seule fait tout.

La cristallisation commence par les bords ; avec la saison des chaleurs et à la fin de juillet, elle est complète.

Le sel est d'une blancheur éclatante. Les couches y sont entassées depuis un mètre jusqu'à un mètre cinquante centimètres d'épaisseur.

La quantité de sel produite annuellement est considérable.

Ces salines ne sont pas les seules que possède la province d'Oran. Il y en a d'autres, notamment un lac salé immense, sur la gauche de la route de Tlemcen, par Aïn-Temouchen, que l'on appelle le *Sebkha d'Oran*, que bordent au sud-est la plaine de Mleta et au nord la Smala du Chou, et dont l'étendue est quatre fois plus considérable que celle des salines d'Arzew.

Deux officiers du 4e régiment des chasseurs d'Afrique, que commandait alors le colonel Cousin-Montauban, suivant la route de Tlemcen, eurent la fatale idée de traverser à cheval ce lac dont la surface unie et reflétante ressemblait à une immense étendue d'eau glacée.

On était au mois d'août : le sel était donc très-résistant, et il eut pu supporter un régiment lancé au galop, mais aussi on était en pleine chaleur et en plein soleil.

La réflection des rayons projetée par la surface du lac salé produisit, après une heure de marche, le terrible effet d'une active brûlure sur les prunelles que rien n'abritait.

Presqu'instantanément, les deux hommes et les deux chevaux furent frappés de cécité. Ils parvinrent cependant à gagner la terre ferme, mais l'attaque d'ophthalmie avait été tellement violente, que l'un des deux officiers perdit complétement la vue, et que son compagnon dût passer six mois à l'hôpital dans une chambre obscure.

Les Arabes évitent avec soin cet effet désastreux du miroitement, et s'ils longent les salines, ils s'enveloppent le visage dans les capuchons de leurs burnous.

Les animaux du désert eux-mêmes ont l'instinct de ne pas s'aventurer sur ce miroir à l'heure où le soleil se réflète sur sa surface. Jamais un oiseau ne voltige non plus au-dessus du lac.

Regagnant la route, nous traversâmes Saint-Leu, la petite colonie naissante, et, après une descente rapide, nous atteignîmes les bords de l'Oued-Macta, cette rivière aux eaux verdâtres empreintes de miasmes putrides.

La Macta est formée par la réunion du Sig, qui prend sa source dans le Sahara sur la limite de nos possessions, arrosant Sidi-Bel-Abbès, et Saint-Denis, et de l'Oued-el-Habra, que les habitants de Mascara appellent l'Oued-el-Hamman.

Ces deux rivières confluent au centre des marais de la Macta, dont les abords ont été si longtemps mortels.

A cinq lieues à la ronde, autour de ces marais, il régnait et il règne encore des fièvres opiniâtres et incessantes, qui, dans les saisons des chaleurs surtout, dépeuplent les rares villages environnants.

Laissant les marais à droite, nous traversâmes, sans pont, la Macta, dont les eaux étaient basses et boueuses.

Sur l'autre rive, nous nous engageâmes dans un bois touffu, bordé de cactus, d'aloës, de figuiers, et dans lequel poussaient les cèdres, les chênes-liéges se dégageant au milieu des palmiers-nains.

A l'extrémité de cette forêt, dans laquelle les sangliers et les chacals couraient par bande, nous atteignîmes le village de la *Stidia*.

Cette colonie, l'une des plus intéressantes de la province d'Oran, a traversé toutes les phases pénibles de la route qui, de la misère, aboutit à l'aisance.

Pendant longtemps, les familles de ces travailleurs infatigables ont passé la nuit à défricher, pour aller, le lendemain, vendre le bois à Mostaganem et acheter du pain qui devait faire vivre vingt-quatre heures. La nuit suivante on recommençait ce qu'on avait fait la précédente nuit.

L'opiniâtre persévérance de ces braves colons a reçu sa récompense.

Le territoire défriché, les céréales de toutes les espèces, les belles et nombreuses plantations, les riches jardins entourèrent les maisons avec une rapidité de croissance particulière au pays.

Le bétail se multiplia. Bientôt on planta le tabac et le coton.

Puis on fit bâtir un moulin, on installa une fabrique de poterie, et on tenta, dans un établissement spécial, des essais de distillation pour obtenir des boissons et des liqueurs avec les seigles, les figues, les fruits des cactus et ceux du caroubier.

Stidia est à quatre lieues de Mostaganem : nous n'avions donc plus une longue route à faire pour arriver au but de notre voyage ; mais nous avions cependant à traverser encore, avant d'entrer dans la ville, un village dont le nom rappelle un des plus glorieux faits d'armes de notre armée d'Afrique. Je veux parler de Mazagran.

Mazagran est, aujourd'hui, un charmant village de quatre vingt à cent maisons, placé sous la protection du fort célèbre, et sur l'emplacement d'une ville en ruines, qui avait occupé autrefois le versant rapide d'une haute colline.

En 1833, lorsque, maîtres de Mostaganem, nous

établîmes une garnison à Mazagran, les habitants de cette ancienne ville l'abandonnèrent.

Le fort seul demeura habité.

Le traité de la Tafna rompu, ce fut contre cette partie de la province dont Mostaganem est la clef, qu'Abd-el-Kader dirigea ses premières attaques.

Le 22 février 1840, Mustapha-Ben-Tami, le Khalifa de l'émir vint, à la tête de dix à douze mille Arabes, pour s'emparer du fort de Mazagran.

La garnison du fort se composait de 123 hommes de la 10ᵉ compagnie du 1ᵉʳ bataillon d'infanterie légère d'Afrique, commandés par le brave capitaine Lelièvre.

L'assaut dura, sans décesser, quatre jours et quatre nuits.

Rien ne put vaincre la résistance des assiégés qui hachaient les Arabes sur les remparts.

Les Arabes, épuisés, furent contraints d'abandonner la partie et ils se retirèrent laissant derrière eux le sol couvert de leurs morts.

Ce beau fait d'armes a été consacré par une colonne monumentale élevée, il y a quelques années, sur le fort.

La situation du nouveau village est extrêmement pittoresque et dans des conditions très-avantageuses pour les colons : les eaux sont abondantes, le climat est très-sain, et une bonne route le met en communication directe avec Mostaganem et les villages environnants.

Grâce à cette heureuse position, ce village prospère. Les plantations sont nombreuses, très-importantes, les grandes propriétés presqu'entièrement défrichées et donnant des produits remarquables.

Après nous être arrêtés à Mazagran et avoir visité le fort, nous remontâmes à cheval.

La fraîche brise de mer se faisait sentir, le soleil allait éteindre ses rayons derrière la pointe du Ras-el-Arouga, nous apercevions les maisons mauresque de Mostaganem, et nous avions grand faim; aussi pressâmes-nous l'allure.

X

Mostaganem

Mostaganem, le chef lieu de la 2me division militaire et la résidence d'un sous-préfet, n'était, dans l'antiquité, qu'une agrégation de villages nommé *Cartenœ* et dont on retrouve les traces, moins dans les ruines qui couvrent les alentours de la ville actuelle, que dans leur emplacement sur les flancs d'un ravin que parcourt, en serpentant, l'*Oued-Safra*.

Léon l'Africain prétend que ces divers hameaux, dont la réunion a fait merveille, ont été fondés par les Vandales.

Ce qu'il y a de certain, c'est que Youssouf-ben-Taschefin, l'Amoravide, fit bâtir au milieu de la ville ce château que l'on nomme la *Tour des Cigognes*.

Longtemps les rois de Tlemcen eurent leur résidence à Mostaganem qui prit rapidement une importance énorme.

Il y eut un moment de déchéance quand les rois de Tlemcen tombèrent; puis, en 1516, Kaïreddin-Barberousse s'empara de Mostaganem.

La fortifiant et l'agrandissant, il réunit à la ville le faubourg *Matamore*, placé de l'autre côté du ravin, sur la rive droite de *l'Oued-Safra*.

La population montait alors à 20,000 habitants et les Maures fugitifs d'Espagne vinrent y tenter de larges exploitations agricoles, et ils transplantèrent dans ces vallées fertiles la culture du coton.

En 1558, le vieux comte d'Alcandèta vînt mettre le siége devant Mostaganem, mais Hassan-Pacha, l'un des fils de Barberousse, l'obligea à cesser l'attaque.

Le général espagnol se retira alors à Mazagran et, manquant de munitions, il fit démolir un portail antique en marbre pour en faire faire quatorze boulets.

Revenant à la charge, sous les murs de Mostaganem, il fut encore vigoureusement repoussé, et ses soldats, en fuyant, foulèrent aux pieds le corps de leur chef qui voulait s'opposer à leur fuite honteuse.

En 1792, le Bey ayant repris possession d'Oran, évacué par les Espagnols, les deux tiers des habitants de Mostaganem furent transportés dans cette capitale pour la repeupler.

Cet acte étrange amoindrit considérablement Mostaganem.

En 1830, le commandement de la ville ayant été donné au Kaïd Ibrahim, les tribus environnantes refusèrent de se soumettre à son autorité. Elles pillèrent les récoltes et elles détruisirent les maisons placées hors de la ville.

Les combats acharnés que les Turcs livraient incessamment aux Arabes, finirent par déterminer l'émigration totale des Maures.

En 1832, Ibrahim, tenant la ville avec les *Coulouglis*, accepta une solde de la France, à la condition de lui conserver ce poste important. Il tint parole au-delà même de ses engagements, car pendant longtemps il ne fut pas payé, et il vendit même les bijoux de sa femme et ceux de sa fille pour solder les troupes indigènes qu'il avait enrolées (1).

Le 13 juillet 1833, le général Desmichels vint, avec la frégate la *Victoire* et 1,400 hommes, occuper Matamore, et il ramena les Coulouglis à Oran.

---

(1) Ce ne fut qu'en 1854 qu'Ibrahim reçut les avances qu'il avait faites. L'empereur l'a fait venir à Paris et lui a donné la croix d'officier de la Légion-d'Honneur. Ibrahim aimait la France. Il avait servi comme Mamelouck en Égypte et dans sa résidence à Mostaganem il avait le portrait de Napoléon Ier.

A peine était-il parti, qu'Abd-el-Kader venait assiéger la ville.

A la suite du traité du 26 février 1834, un consul de l'Émir, fut agréé pour résider dans Mostaganem.

L'arrêté du 8 décembre 1835 y institua un bey, et celui du 8 mai 1841, en y créant un commissaire civil, en fit un chef-lieu de district. Enfin la délimitation du territoire fut fixée par arrêté du 18 juillet 1845.

Située sur le bord de la mer, Mostaganem est le débouché naturel de toute la partie orientale de la province d'Oran.

Malheureusement son port est très-mauvais, mais il n'en est pas moins fréquenté ; l'accès et le mouillage ne sont praticables que par les temps les plus calmes, et dès que l'un des vents du Nord, du Nord-Est et du Nord-Ouest souffle, les navires sont obligés de désemparer, de se tenir au large, ou d'aller chercher un refuge à Arsew ou à Alger.

Mostaganem est une ville riche ; l'essor de l'agriculture s'y appuie sur un mouvement commercial fort important, qu'alimentent, de près, des marchés très-fréquentés, et, de loin, les riches plaines et les fructueuses vallées de l'Habra, de l'Oued-el-Hamman, du Sig, du Chélif et les massifs montagneux qui, de ces bas-fonds, se relèvent vers Mascara et vers Tiaret.

Grains, laines, peaux, fruits secs, les figues surtout, sont les principaux objets d'exportation.

La tannerie, la maroquinerie, l'orfèvrerie, la sparterie, en un mot toutes les industries indigènes que l'on peut voir réunies dans une rue peuplée de Juifs et dans une autre peuplée de Maures, soutiennent leur antique réputation.

La minoterie y constitue une industrie nouvelle, exercée par des moulins à eau et des moulins à vent qui alimentent la ville et toutes les colonies environnantes.

Les briqueteries, les fours à chaux bordent les environs de la ville.

Mostaganem est divisée en deux parties séparées par la rivière d'Aïn-Safra.

Celle située sur la rive droite, et qui porte encore le nom de *Matamore*, est essentiellement un quartier militaire. Il y a là un magnifique hôpital.

La ville proprement dite est sur la rive gauche, et elle est, comme toutes les villes de l'Algérie, moitié mauresque, moitié française et un peu juive.

La ville nouvelle, qui domine l'ancienne, a des rues larges et belles. La *rue Royale* est bordée de maisons à arcades comme la rue de Rivoli. Les places sont grandes et belles et les édifices abondent : églises, mairie, théâtre, rien n'y manque.

La ville mauresque a gardé son cachet oriental, avec ses maisons à murs blancs sans fenêtres, ses terrasses, ses tours carrées, ses mosquées et ses minarets sur lesquels viennent se percher les cigognes que la population respecte.

Depuis notre occupation, Mostaganem a été doté d'une pépinière magnifique et d'un haras, type modèle, le plus beau de l'Algérie, dans lequel on perfectionne la régénération de la race chevaline arabe.

Cela explique pourquoi les courses avaient lieu à Mostaganem.

A cette époque où j'assistai à l'ouverture de ces courses, c'était le général Bosquet qui commandait la subdivision.

Il nous accueillit, et il présida le dîner qu'il nous offrait avec cette grâce d'homme du monde qui effaçait, pour les officiers sous ses ordres, la distance du grade, et qui rendait la conversation charmante.

Des chambres nous avaient été préparées au quartier du régiment des chasseurs d'Afrique.

Les courses ne devaient avoir lieu que le surlendemain, nous avions donc une journée pour nous promener.

J'allai visiter la résidence mauresque de *Tedjdid*, qui est à un quart de lieue de Mostaganem. C'est là que demeurent la plupart des négociants ou propriétaires indigènes de la ville.

Le matin, ils quittent leurs charmantes villas pour aller surveiller leurs affaires, et le soir ils y reviennent.

Les environs de ce ravissant séjour ont quelque chose de fantastique. On ne voit que bosquets, massifs de fleurs et de verdure, jets d'eau dans des bassins de marbre, et petits ruisseaux dont l'un forme une cascade qui fit mon admiration, car le soleil dessinait là arc-en-ciel sur arc-en-ciel.

Un peu plus loin on entre dans la *Vallée des Jardins* sur laquelle s'ouvre, au milieu d'une végétation luxuriante, la route de Mostaganem.

J'étais émerveillé et enchanté d'être à Mostaganem, cette ville qui est peut-être, de toutes les villes d'Algérie, celle où l'on vit le mieux et le plus gaiement.

Durant le cours de la journée, grand nombre de voyageurs étaient arrivés en ville. L'ouverture des courses piquait la curiosité générale.

Les notabilités d'Oran, d'Arzew, de Mascara, les fonctionnaires civils, les riches négociants, les consuls, tous s'étaient mis en route, ayant à leur tête, M. Garbé, le préfet d'Oran et ses conseillers de préfecture.

Les femmes avaient accompagné leurs maris, les filles leurs pères, les sœurs leurs frères ; c'était un plaisir donné à tous et partagé par toutes.

Le soir, le général Pélissier arriva en voiture accompagné de Cassaigne, de Rollepot, de Gaulier et de Goërt qui, en sa qualité de bon cavalier, devait courir le lendemain.

8,

Le colonel de Beaufort, alors chef d'état-major de la division, le général Bazaine qui commandait la subdivision de Mascara et d'autres officiers supérieurs arrivaient aussi à Mostaganem, ainsi que tous les grands chefs arabes du voisinage.

Heureusement que le salon du palais mauresque du général Bosquet était vaste, car le nombre des arrivés, tous invités, était grand.

En pensant à cette réunion d'hommes, devenus illustres, qui se trouvaient là, je dis que la division d'Oran a le droit d'être glorieusement fière !

En 1850, alors que je fis ce voyage, la division et les trois subdivisions avaient pour chefs quatre généraux devenus maréchaux de France.

Le général Pélissier, commandait la division d'Oran et il avait sous ses ordres :

A la subdivision de Tlemcen, le général de Mac-Mahon.

A la subdivision de Mascara, le général Bazaine.

A la subdivision de Mostaganem, le général Bosquet.

XI

Les Courses

Le terrain consacré aux courses, le *Turf*, était à la gauche de Mostaganem, du côté de la mer.

C'était dans cette immense plaine formant un triangle rectangle dont Mostaganem est la tête et Stidia et Masera sont les deux angles de la base, plaine bordée par les deux routes d'Arzew et de Mascara qui, partant d'un même point, — Mostaganem, — s'écartent brusquement l'une pour courir au sud, l'autre pour longer la côte vers l'ouest.

Les officiers des Chasseurs d'Afrique et les officiers des haras avaient tracé une piste que n'eussent pas blâmée des *gentlemen-riders*.

La distance était de près de 2,500 mètres.

Au centre, point de *Départ* et d'*Arrivée*, on avait

dressé, côtoyant la route, de belles tribunes toutes chamarrées.

Les courses devaient commencer à une heure et le programme indiquait cinq courses :

La 1re pour les officiers de tous grades.

La 2e pour les sous-officiers.

La 3e pour les soldats : chasseurs, spahis et arabes.

La 4e pour les officiers.

La 5e une course de haies pour les officiers.

Quand on arriva au champ de courses, le coup-d'œil était éblouissant.

Tous les grands chefs arabes étaient venus assister à la fête ; toutes les tribus du Tell avaient envoyé leurs représentants.

Il y avait là une nuée d'Arabes, de Nègres, de chevaux et de chameaux recouverts de leurs *hatatisch*, maison-cage-tente ambulante dressée solidement sur la bosse et servant à la fois de voiture, de chambre à coucher, de cuisine aux femmes arabes en voyage.

L'hatatisch se compose d'un grand plancher solide, percé de trous dans lesquels sont passées de grosses cordes. Ces cordes sont attachées sous le ventre du chameau et consolident la base de la maison portative.

Quatre branches de palmier placées chacune à un angle du plancher, soutiennent quatre autres branches qui se réunissent à leur sommet et forment toiture.

Des peaux de gazelles, de sangliers, d'hyènes, de panthères, de lynx, de toutes sortes d'animaux garnissent les paneaux, et le tout est recouvert d'une étoffe de laine blanche qui doit atténuer la chaleur.

Cette chambre a, à peu près, 2 mètres carrés.

C'est dans l'hatatisch que la femme arabe a tout son mobilier et tous ses trésors; c'est là qu'elle s'abrite contre les regards profanes, et de là elle voit tout, cependant, en écartant l'étoffe formant ouverture.

Chaque chameau porteur d'hatatisch a un nègre conducteur.

Tous les chameaux étaient rangés en ligne droite en face des tribunes.

Les Arabes, avec leurs burnous blancs, leurs burnous rouges, leurs burnous bleus, suivant leur grade et leur position sociale, se promenaient gravement à cheval, le fusil doré jeté sur l'épaule, le yatagan pendant sur la genouillère de cuir.

Les selles et les brides, toujours de nuances vives, garnies d'or et d'argent, ranimaient encore les tons éclatants de cette masse mouvante.

D'autres Arabes plus pauvres étaient à pied, leur fusil passé en bandouillère, leur grand bâton ferré à la main.

Les nègres et les enfants nus couraient au milieu de cette foule bigarrée.

Dans la tribune du centre, le général Pélissier occupait naturellement la place d'honneur, et il était entouré de toutes les femmes des hauts fonctionnaires militaires et civils.

Dans les autres tribunes, il y avait toute la population riche et mélangée de Mostaganem. Françaises, juives, mauresques se pressaient sur les banquettes, les unes à visage découvert, les autres voilées, toutes dans des costumes dont l'ensemble formait une succession de contrastes bizarres.

Les soldats de tous les régiments, zouaves, chasseurs à pied, infanterie de ligne, gendarmerie, chasseurs à cheval, spahis, formaient des quadruples lignes des tribunes aux Arabes.

Les officiers en grand uniforme occupaient le bas des tribunes.

De l'autre côté de la piste, dans l'enceinte du champ de course, étaient groupées les musiques militaires qui donnaient un concert en plein vent.

Il y avait dans ce mélange d'Européens, d'Arabes, de Turcs, d'Espagnols, de Maures, de soldats et de bourgeois, une sorte d'éblouissement qui troublait tout d'abord le regard.

- Je n'ai jamais rien vu qui ressemblât à ce spectacle bizarre, à ce panorama étrange. C'était vraiment fort beau.

A la première course qui fut courue, ce fut, quand les chevaux passèrent devant la ligne des Arabes, des cris, des *yous! yous! yous!* poussés par toutes les voix des femmes et des enfants qui déchiraient l'air.

Les deux courses qui firent le plus d'effet furent la troisième et la cinquième.

La troisième avait une vingtaine de lutteurs, chasseurs, spahis, Arabes, dans leurs costumes et dans leurs uniformes.

Ils crièrent, en courant, ce qui augmenta l'enthousiasme des spectateurs et des spectatrices.

La dernière course fut une course aux haies, et je me rappelle que ce fut *Goërt* qui fut vainqueur.

Après la course, le général Pélissier monta à cheval accompagné des autres généraux, et les Arabes défilèrent devant lui dans une fantasia furieuse.

C'était encore éblouissant à voir.

Ces milliers de chevaux qui galopaient, ces burnous qui volaient aux vents, ces fusils brandis dans l'espace, ces cris joyeux des femmes mêlés à la fusillade irrégulière, cet amour, cette passion du bruit et du mouvement semblaient le spectacle d'un peuple entier en furie.

La terre frémissait sous le galop des chevaux, et tous ces Arabes qui se ruaient en avant en arrière, à gauche, à droite, disparaissaient dans un nuage de poussière.

C'était beau !

Les courses de Mostaganem m'ont laissé un souvenir que toutes nos belles courses de France n'ont pu me faire oublier.

XII

Le choléra à Oran

Cet hiver de 1849-50 que je passai à Oran vit éclater le choléra dans la ville, mais un choléra effrayant, épouvantable, qui enleva en quarante jours un huitième de la population.

Durant ces quarante jours de douleurs et d'angoisses, en présence d'une population affolée, terrifiée, dont il fallait relever le courage, le général Pélissier fut plus qu'un illustre soldat, ce fut un grand consolateur.

Pour bien comprendre la situation d'Oran durant cette épidémie, il faut se rappeler que la population de la ville, à cette époque (sans compter la garnison), se composait de deux sixièmes de Maures et d'Arabes, trois sixièmes d'Espagnols et de Juifs et un sixième de Français.

La grande majorité de cette population est d'une superstition que nous ne saurions plus comprendre en Europe.

Le choléra sévissait avec une horrible furie, il est vrai; les cas de mort subite étaient fréquents, la désolation pouvait être grande, mais cette désolation était encore augmentée par les bruits les plus absurdes répandus à profusion.

Ainsi, on avait persuadé à la population musulmane que le choléra avait uniquement pour cause des myriades de petits diables bleus, invisibles, qui voltigeaient dans l'air et entraient dans la bouche des fils de Mahomet aussitôt qu'ils entr'ouvraient les lèvres pour parler. On ajoutait, et cela était facile à persuader, que c'était ces Français, ces *chiens de chrétiens*, qui avaient importé les petits diables sur la terre d'Afrique.

Les Français s'étaient persuadé, eux, que le choléra régnait dans l'air et qu'il fallait déplacer ou purifier les courants pour chasser le fléau, et l'anéantir.

Les Espagnols étaient d'un autre avis.

Ils affirmaient, au nom de la religion, que, pour combattre le fléau et en triompher, ce qu'il fallait faire surtout et avant tout, c'était un appel à toute la population chrétienne pour organiser une procession solennelle et se rendre à la chapelle du Santa-Cruz implorer la miséricorde divine.

Or, le Santa-Cruz est une haute montagne au sommet de laquelle est une petite chapelle où on arrive à l'aide d'un sentier étroit, pierreux et pénible : faire gravir ce sentier, qui a un parcours de près de huit kilomètres, et cela par un soleil d'Afrique, eût été certes compromettre au plus haut point la santé publique.

Cependant la mort moissonnait chaque jour avec une activité effrayante.

La population française demandait qu'on allumât de grands feux dans les rues, qu'on tirât le canon. Les Arabes voulaient quitter la ville et les Espagnols continuaient à réclamer uniquement les secours des pompes religieuses.

Les juifs affirmaient que cette maladie terrible qui emportait tout était l'annonce de la fin du monde et, dans la crainte qu'elle n'emportât aussi les trésors des familles, ils enfouissaient et ils cachaient mystérieusement tous leurs biens et toutes leurs richesses.

Puis, les voitures manquaient pour emporter les cercueils, les bras faisaient défaut pour creuser les fosses.

Les autorités civiles éperdues, et étant privées d'ailleurs de moyens puissants d'action, avaient recours à l'autorité militaire.

Le préfet, le maire, les chirurgiens, les directeurs des hôpitaux, les députations de tous genres et de toutes sortes venaient chaque jour assaillir le général, qui, accueillant tout le monde, remontant les courages prêts à faillir, était calme, confiant et fort comme sur un champ de bataille.

Cette époque du choléra à Oran est une époque à citer dans la vie du duc de Malakoff, car elle la présente sous un tout autre jour que celui du champ de bataille.

Là, le général n'a plus rien à faire, c'est l'administrateur, c'est l'homme privé qui, durant cette pénible et douloureuse épreuve d'une population qui voyait la mort en face d'elle frapper sans relâche, a su en appeler spontanément à tout ce qu'il y avait dans sa tête de prévoyance intelligente et à tout ce qu'il y avait dans son cœur de touchante et noble bonté.

Ceux qui ont vu l'illustre maréchal devant l'ennemi, au milieu des boulets et des balles, conservent de lui un souvenir brillant et terrible ; mais ceux qui, comme moi, ont été à même de le voir chaque jour, presqu'à chaque heure, durant la période du plus mortel choléra qui ait désolé l'Europe et l'Orient, ceux-là garderont de l'homme privé un souvenir attendrissant et consolateur.

Chaque jour, le général s'occupait des moindres détails de l'assistance publique, et chaque jour, il allait visiter les hôpitaux, consolant par sa présence les derniers moments de ceux que la cruelle maladie emportait.

Ne reculant devant aucun moyen pour ramener un peu de confiance et d'espérance dans les cœurs, il consentit à satisfaire les idées plus ou moins bizarres que le besoin de combattre le mal faisait naître.

Un matin, tous les canons des forts, tous ceux des batteries basses, tous ceux de Mers-el-Kebir, répondant à ceux du Château-Neuf, tonnèrent sur tous les points de la ville et de la côte.

Cette canonnade, qui dura la journée entière, du lever au coucher du soleil, et qui avait pour but de déplacer les courants d'air et de détruire les miasmes putrides pour les Français, et les diables bleus pour les Arabes, ranima la population.

L'espérance revint dans tous les esprits. Le lendemain, la mortalité fut moins grande, soit par effet réel du canon sur l'air, soit par effet produit sur les malades par l'espérance du résultat de la canonnade, ce qui était plus probable.

Il y eut un temps d'arrêt dans la pente croissante du fatal fléau, mais après huit jours écoulés, le nombre des victimes augmenta.

On en était déjà à un quinzième de la population enlevé par le choléra.

On tenta une nouvelle épreuve : on alluma des feux de bois odoriférants dans lesquels on jetait des brassées de feuilles de palmier encore vertes qui produisaient une fumée grisâtre.

Ces feux étaient allumés dans toutes les rues, sur toutes les places, dans tous les quartiers. Ils furent entretenus pendant plusieurs journées consécutives encore dans la pensée de purifier l'air.

Malheureusement, cette nouvelle épreuve ne réussit pas mieux que la précédente. Le choléra continua à augmenter.

Le chiffre des morts atteignait la proportion du douzième de la population.

Des familles entières disparaissaient, et tous les habitants d'une même rue étaient souvent enlevés par le choléra qui ne respectait ni enfant ni vieillard.

On eût dit que le fléau suivait des courants, comme ces trombes destructives qui anéantissent tout sur une même ligne, respectant les points rapprochés de cette ligne tracée.

La terreur devint si forte, si puissante, que des familles entières abandonnèrent la ville, et une émigration commença.

Les Espagnols surtout furent les plus pressés à quitter Oran. Ils allèrent s'installer dans les grottes de la plaine des Andalouses.

La ville était triste et déserte.

Une après-midi, c'était au plus fort du choléra, je venais de monter à cheval avec les capitaines d'état-major Renson, Lallemand et Doulcet.

Suivant notre habitude de chaque jour, nous nous proposions d'aller secouer momentanément le deuil que chacun portait à Oran, en galopant sur la route de Misserghin.

En traversant la ville, nous rencontrions à chaque pas les navrants spectacles offerts par la cruelle épidémie.

Ici, c'était une maison européenne devenue entièrement déserte depuis la veille et dont tous les habitants avaient été emportés par la mort.

J'ai vu plusieurs exemples de ce sinistre ravage, et il en est un qui m'est demeuré profondément gravé dans l'esprit.

Une habitation particulière, sorte de petit hôtel, appartenait à une famille composée du père, de la mère, de deux frères et de huit enfants, dont l'aîné était un garçon de près de vingt ans et le dernier une petite fille de deux ans à peine.

Toute cette famille avait heureusement résisté aux atteintes du fléau. Pas un membre n'avait été menacé depuis un mois.

En une seule nuit, toute la famille fut emportée par le choléra. Le seul être vivant qui resta dans la maison, fut la petite fille de deux ans !

Ces malheureuses moissons de la mort n'étaient pas rares.

Souvent, on entendait sortir d'une maison mauresque les chants funèbres des femmes arabes veillant autour d'un cadavre.

Nos chevaux frôlaient, en passant, la bière que portait en travers un âne et que soutenait d'une main, pour qu'elle ne tombât pas, le *negro* qui allait au cimetière, tandis que de l'autre main il piquait l'animal avec un bâton pour le faire avancer plus vite, et cette bière de bois blanc n'était même pas recouverte d'un drap funéraire.

Seul, et chargé d'accomplir l'enterrement sans autre formalité, le *negro* ne remplissait pas une mission, mais une commission qui avait sa récompense et c'était tout ce qu'il lui fallait, car peu lui importait d'enterrer un chrétien ou un musulman.

Caillemer, le chirurgien d'artillerie, que nous rencontrâmes, nous dit qu'il y avait alors vingt-deux nuits qu'il ne s'était couché dans un lit ; il avait toujours un cheval sellé et l'attendant, il dormait là où il se trouvait, quand il pouvait avoir une heure de tranquillité.

Les médecins et les chirugiens étaient à bout de force. (Il y avait douze médecins et chirurgiens militaires à Oran ; durant l'épidémie sept moururent d'épuisement.)

Les prêtres subissaient aussi une horrible fatigue incessante.

Appelés à toutes heures de jour et de nuit près des mourants, ils n'avaient, pas plus que les médecins, une minute de repos.

Les églises chrétiennes étaient peu nombreuses alors à Oran et le clergé se composait de quelques prêtres qui, épuisés, ne pouvaient suffire, car la quantité de ceux que frappait le fléau était telle qu'il était devenu impossible de faire des services séparés.

On réunissait, à certaines heures indiquées, tous les cercueils dans une église et on disait une messe pour toutes les victimes, et cela plusieurs fois par jour.

La terreur augmentait d'heure en heure dans la population et elle prenait des proportions effrayantes qui augmentaient aussi le danger.

Tout ce qu'on éprouvait, tout ce qu'on ressentait, la moindre indisposition, c'était le choléra.

Combien sont morts pour s'être fait traiter contre l'épidémie sans l'avoir !

C'est ce que nous venait de dire Caillemer en nous quittant, au moment où nous allions sortir de la ville pour suivre le chemin du Ravin-Blanc.

Une cavalcade était devant nous : c'était le général, avec le capitaine Cassaigne, son aide de camp,

Gaulier et de Rollepot, ses officiers d'ordonnance, et Goërt, son interprète.

En nous voyant, le général nous appela à lui, et nous continuâmes notre promenade, qui n'avait pas un but très-attrayant, car le général allait au cimetière pour se rendre compte de l'état des choses, attendu que, les fossoyeurs manquant absolument, il avait fallu commander des compagnies pour creuser les fosses et faire la chaux que l'on jetait sur les corps pour éviter les émanations qui eussent peut-être amené la peste.

Arrivés au cimetière, un épouvantable spectacle nous impressionna vivement : le temps manquait littéralement pour enterrer les victimes du choléra : plus de soixante cercueils étaient là, rangés les uns sur les autres, attendant que les soldats eussent creusé la terre.

Et cela arrivait chaque jour.

Souvent, les cercueils apportés trop tard, passaient la nuit et n'étaient enfouis que le lendemain.

Les soldats souffraient de cette pénible corvée.

Le général donna ses ordres, parla aux hommes avec cet accent de bonhommie familière qu'il savait prendre. Il leur fit donner à boire, les encouragea et leur promit de venir chaque jour les visiter.

Nous quittâmes le cimetière, le cœur serré par ce que nous venions de voir.

Le général s'aperçut aussitôt de l'impression

produite sur nous. Il pressa l'allure de son cheval : nous sortîmes du Ravin-Blanc et nous gagnâmes la plaine.

— Allons, Rollepot, — dit le général, — chantez-nous *Ramponneau.*

Rollepot chantait *Ramponneau* avec un entrain auquel ne pouvaient résister les esprits les plus sérieux. Cinq minutes après, un rire joyeux effaçait notre pénible impression.

Hélas ! nous ignorions à ce moment qu'un cruel événement nous menaçait tous en frappant l'un de nous.

XIII

Le capitaine Doulcet.

Le soir, en nous mettant à table à la Popote, Doulcet, resté, quoi qu'on ait pu faire, sous l'impression de notre pénible visite au cimetière, nous dit en souriant tristement :

— Messieurs, nous sommes huit à table : Caillemer nous a appris que le choléra avait enlevée un huitième de la population de la ville, donc, si jusqu'ici nous n'avons rien eu à craindre, il faut maintenant que la Popote songe à payer sa dette !

— Bah ! — répondit l'un de nous, — la Popote se déclare insolvable : elle ne payera pas.

Personne n'attacha, tout d'abord, d'importance à ce propos dit en l'air. Le lendemain, il devait nous revenir à tous à la mémoire.

Le lendemain, effectivement, à cinq heures du matin, Caillemer ouvrit brusquement la porte de nos chambres, à Renson et à moi, et prononça ces lugubres paroles :

— Doulcet a le choléra !

En un clin d'œil nous fûmes debout et habillés. Nous descendîmes précipitamment, et nous rencontrâmes le général se promenant dans la cour.

— Ce pauvre Doulcet est pris ! — nous dit-il. — Allez vite auprès de lui.

En prononçant ces mots, le général avait le regard sombre et triste.

Il savait combien Doulcet l'aimait, et lui-même portait la plus vive affection à ce jeune homme plein d'avenir, notre ami à tous, et l'un des plus instruits et des plus brillants officiers de l'armée d'Afrique.

A peine arrivions-nous près de lui, que Cassaigne et Lallemand venaient nous rejoindre.

— Eh bien! — nous dit Doulcet en nous tendant les mains, — je suis pris ! Maintenant la Popote peut être tranquille : on en est toujours au huitième, et je suis en train de payer sa dette.

Nous nous regardâmes sans pouvoir répondre : le malade seul avait le courage de plaisanter.

Ce qu'il y a de singulier, ce qui m'a vivement frappé depuis, c'est que Doulcet, qui la veille, était inquiet, soucieux, triste, alors qu'il était bien portant, avait repris, depuis qu'il était atteint du terrible fléau, toute sa vigueur et sa quiétude morales.

Il s'agissait de soigner le malade. Il y avait des sœurs de charité à Oran, il y en a partout où l'on souffre; mais les dignes sœurs ne suffisaient pas pour les hôpitaux, et la mort les décimait comme elle décimait les médecins.

Cassaigne était retenu par son service auprès du général; Lallemand, Renson et moi nous chargeâmes de veiller tour à tour auprès de Doulcet, afin de ne jamais le laisser seul.

Le soir, le général vint voir Doulcet. Le colonel de Beaufort-d'Hautpoul, chef d'état-major de la province, l'accompagnait.

Le colonel avait été aide-de-camp du duc d'Aumale, alors que Doulcet était officier d'ordonnance du prince; il avait conservé pour le jeune capitaine une vive et sincère amitié dont Doulcet lui était profondément reconnaissant.

Le malade allait mieux. Caillemer, qui montait chaque fois qu'il passait devant le Château-Neuf, entra dans la chambre. Il examina notre pauvre ami.

— Je me sens mieux, — dit Doulcet.

— Oui, oui ! — répondit le docteur, — le choléra cède.

Nous étions tous si éloignés de nous attendre à

cette excellente nouvelle, que nous nous regardâmes avec une sorte de stupeur. Le général emmena le docteur dans un coin de la pièce.

— Est-ce vrai ce que vous dites-là ? — lui demanda-t-il.

— Oui, général, — répondit brusquement Caillemer.

Et il prit congé de son malade, comme un homme sous le poids d'une pénible préoccupation. Renson, qui avait remarqué l'expression soucieuse du visage de Caillemer, le suivit dans la cour du Château-Neuf.

— Le choléra a cédé ? — lui demanda-t-il encore.

— Oui, — répondit le docteur.

— Alors Doulcet est sauvé ?

— Je vous le dirai demain.

Le lendemain, à midi, Caillemer revenait. Nous avions passé la nuit auprès du malade : il avait une fièvre très-forte.

Le docteur demeura longtemps à son chevet, puis il sortit en m'adressant un signe expressif de la main.

Je le suivis.

— Ce que je craignais arrive, — me dit-il. — Tout symptôme de choléra a disparu, mais la fièvre est venue, cette fièvre terrible, cent fois plus difficile à combattre que l'état aigu du choléra. Pauvre Doulcet ! Le quinine sera impuissant sur lui, comme il l'a été sur les autres. Nimporte, j'ai prescrit de hautes doses ; faites-les lui prendre.

Je ne voulus pas remonter immédiatement, dans la crainte que le malade ne lût sur mes traits l'impression qu'avaient produite les paroles de Caillemer. A cinq heures le docteur revint ; Doulcet était plus mal encore ; la fièvre avait fait des progrès effrayants.

— Ce sera pour ce soir, — nous dit Caillemer en nous quittant. — Le pauvre garçon n'entendra pas sonner minuit... Et je ne puis rien !

Et toujours infatigable, le docteur reprit ses courses, nous disant cependant qu'il reviendrait encore pour lutter jusqu'au bout.

Le soir vint : Doulcet, auquel nous avions soigneusement caché sa position, Doulcet, qui, depuis le matin, rêvait un voyage en France pour y aller passer son temps de convalescence, Doulcet, qui nous parlait sans cesse de sa famille, de ceux qu'il aimait, et qu'il allait revoir, Doulcet changea tout à coup de langage.

— Aller en France ! — nous dit-il brusquement et sans transition aucune. — Je suis fou, mes amis. Vous savez bien que je vais mourir !

Nous nous récriâmes.

— Je vais mourir ! — répéta-t-il avec une calme résolution. — Pourquoi me cacher la situation ? je sens la vie qui s'en va ! Seulement, avant de mourir, je veux revoir tous ceux que j'aime et qui sont ici. Faites prévenir le général, le colonel de Beaufort, Lallemand, Cassaigne, Rollepot, tous mes amis enfin !

Puis, après un silence, Doulcet ajouta :

— Renson, voulez-vous aller chercher l'aumônier de l'hôpital?

Renson descendit et s'élança sur un cheval toujours tout préparé en cas de besoin.

— Ah ! — nous dit Doulcet en souriant, — donnez-moi donc tout ce qu'il y a sur cette étagère. Je veux laisser après moi un souvenir à chacun de vous, et j'aime mieux l'offrir en ayant encore ma connaissance.

Tout cela était dit simplement, sans forfanterie, avec ce calme qui décèle la paix profonde du cœur et de la conscience.

Il y avait dans la chambre (autant que je me souvienne) le capitaine Desmont et le capitaine Signorino.

Nous nous regardions, en nous efforçant de maintenir nos yeux secs, mais nous ne pouvions y parvenir.

Signorino, nature vive et passionnée par excellence, sentit qu'il ne pouvait résister ; il s'élança comme un trait hors de la chambre, et nous entendîmes un rauque sanglot retentir dans l'escalier. Le colonel de Beaufort arrivait au même instant.

— C'est fini ! — lui dit Doulcet en lui tendant les mains.

Le colonel voulut combattre cette fatale pensée, mais Doulcet lui imposa doucement silence avec cette autorité des mourants, et, priant le colonel de s'asseoir près de lui, il lui fit ses suprêmes recommandations à l'égard de sa famille.

Le général était au théâtre. Mettant tout en œuvre pour combattre le découragement de la population, il trouvait le temps et l'énergie de s'occuper des plaisirs publics, et il assistait à toutes les représentations, afin de forcer, par sa présence, la ville entière à prendre de nécessaires distractions. On était allé le prévenir.

Lallemand, qui était parti en mission depuis le matin, revint en ce moment. Il courut embrasser Doulcet.

— Mon pauvre ami, il faut nous quitter ! — lui dit le malade, que son calme n'abandonnait pas.

— Allons donc ! y penses-tu ! — s'écria Lallemand en proie à l'émotion la plus violente, — tu ne mourras pas !

Doulcet sourit encore.

— J'ai déjà les jambes froides ! — lui dit-il simplement.

(Cette terrible réponse est de la plus exacte vérité ; elle vibre encore à mes oreilles, et le général de Beaufort-d'Hautpoul, le colonel Lallemand l'ont entendue comme moi.)

— Je voudrais bien voir l'aumônier! — ajouta Doulcet.

Renson revenait alors annonçant l'arrivée du prêtre.

L'aumônier de l'hôpital d'Oran était l'un de ces dignes et excellents ministres de Dieu dont le cœur aime à conserver le souvenir : c'était un véritable prêtre selon les saintes lois de l'Evangile.

Depuis l'invasion du choléra, la ville entière le bénissait : juifs, musulmans, chrétiens, soldats et bourgeois étaient profondément touchés de son zèle charitable.

Ne prenant ni repos ni trêve, mangeant où il pouvait, ne dormant plus, toujours là où sa sainte mission l'appelait, consolant les veuves et les orphelins, trouvant de belles paroles pour ceux qui allaient mourir; nuit et jour, l'aumônier parcourait la ville et les hôpitaux, et chacun, en le voyant passer, s'inclinait avec respect devant ce noble vieillard sur la soutane usée duquel brillait la croix de la Légion-d'honneur.

Le prêtre assista le mourant.

Le général arriva ; sa physionomie si martialement énergique, était voilée d'un nuage funèbre. Doulcet lui tendit les mains.

— Embrassez-moi, mon général ! — lui dit-il.

Le général se pencha sur le lit du mourant et il l'embrassa en disant :

— Vous ne mourrez pas, mon ami.

— Oh! — répondit Doulcet, — mes yeux s'éteignent, je ne vois plus ; mais c'est singulier, je ne souffre pas.

Et se tournant vers Caillemer, qui était revenu depuis quelques instants :

— Docteur, — ajouta-t-il, — comment donc se fait-il que l'on puisse mourir ainsi sans souffrir ? Je sens la mort qui vient, et cependant jamais je ne me suis trouvé mieux.

Caillemer ne répondit pas ; les sourcils contractés et se mordant les moustaches, il cherchait un suprême moyen de lutter contre cette mort qui triomphait sans cesse, et il ne trouvait pas.

Alors eut lieu l'une de ces scènes douloureusement émouvantes que la plume ne saurait décrire, que le pinceau ne saurait retracer.

Doulcet avait fait placer sur son lit tous les objets qu'il avait demandés et que nous avions pris sur l'étagère.

Il nous appela à tour de rôle, nous remettant à chacun un souvenir, nous remerciant des soins que nous lui avions prodigués durant sa courte maladie, nous embrassant et faisant, séparément, à chacun de nous, ses adieux avec une fermeté et un courage qui ne se démentirent pas une seule minute.

Très-émus tous, nous demeurions immobiles, n'osant ni parler, ni nous regarder, dans la crainte de manquer de force et de n'être plus à la hauteur de cet héroïque mourant.

Doulcet demanda du papier pour écrire à sa famille. Il fit un effort pour se soulever et il traça quelques lignes à peine lisibles.

— C'est singulier, — dit-il en s'arrêtant, — je ne puis plus écrire.

Puis il ajouta encore :

— Et cependant je ne souffre pas ! Et cependant la mort vient !

Nous entourions Caillemer, et nos regards faisaient un muet appel à la science de l'excellent médecin, qui frémissait de cette rage de l'homme intelligent et fort, condamné à l'impuissance en face de l'ennemi qu'il voudrait écraser.

Les derniers moments du malade approchaient rapidement, et jamais le pénible tableau qu'offrait cette chambre faiblement éclairée par deux bougies, ne s'effacera de ma mémoire : je le vois là, devant mes yeux, je le contemple encore dans toute sa poignante douleur.

Doulcet était étendu sur son lit, la face décolorée, les mains inertes, le regard à demi voilé.

Debout près de lui, tenant ses mains déjà glacées, le général courbait sa tête aux cheveux blanchis par les fatigues ; à quelques pas en arrière, le prêtre agenouillé priait.

Devant la fenêtre, Lallemand, Renson, Cassaigne, le colonel de Beaufort, Caillemer et moi attendions dans un pénible et religieux silence.

La fenêtre était ouverte, car la chaleur était assez forte, quoique l'on fût alors en hiver.

Nous entendions les mugissements du vent d'ouest qui soufflait dans la plaine et le sourd et incessant bruissement des vagues de la mer, venant se briser au pied du Château-Neuf.

Le général ne disait rien. Serrant les mains de Doulcet, il regardait péniblement ce jeune officier, la veille encore plein d'un glorieux avenir...

Deux larmes s'échappant des yeux du général glissèrent sur ses joues bronzées par le soleil des batailles et vinrent s'enfouir dans ses moustaches empreintes si souvent de l'odeur de la poudre.

En voyant pleurer son général, Doulcet retrouva des forces, il se souleva et il put l'embrasser.

Cette fois l'émotion fut telle que le général ne put la contenir.

— Emmenez le général, — dit vivement Caillemer à Cassaigne, — nous avons tous besoin qu'il ne s'épuise pas.

Une heure après, Doulcet n'était plus...

Ses dernières paroles, ses dernières pensées

avaient été pour sa famille et pour le prince qu'il avait servi et qu'il avait tant aimé.

Dans le courant de cette douloureuse soirée, il nous avait dit :

— La Popote n'a plus rien à craindre, elle aura payé sa dette au choléra.

Effectivement, et, comme par un hasard étrange, le lendemain, la progression de la mortalité diminuait, et le pauvre Doulcet était le seul de la Popote que le choléra cût enlevé.

XIV

La Procession au Santa-Cruz.

Quelques jours après cet affreux événement qui nous frappa si douloureusement tous, et qui anéantit la gaieté que les membres de la *Popote* avaient eu l'énergie de maintenir à leur table depuis l'invasion du choléra, pour mieux lutter contre le fléau, Mgr l'évêque d'Alger fit annoncer sa très-prochaine visite à Oran.

Cette nouvelle, répandue avec la rapidité de l'éclair, cette nouvelle consolatrice de l'arrivée inattendue dans ce pays de désastres du digne prélat qui, ne craignant pas de braver les atteintes de la maladie mortelle, s'embarquait avec son clergé pour venir ranimer les esprits éteints et rappeler sur la ville décimée et désolée la bénédiction du Seigneur, rendit subitement le courage et l'espérance à la population terrifiée et anéantie.

Les Espagnols, abandonnant leurs grottes de la plaine des Andalouses, rentrèrent en foule à Oran.

Le surlendemain du jour où le télégraphe avait annoncé à Oran le départ de l'évêque du chef-lieu de son diocèse, le navire portant Monseigneur d'Alger entra en rade de Mers-el-Kebir.

Le général Pélissier avait envoyé, pour assister au débarquement, le général commandant la subdivision et un nombreux état-major.

L'évêque mit pied à terre et bénit la population agenouillée sur la plage, puis il monta dans la voiture du général, que l'un des officiers d'ordonnance mit à la disposition du prélat.

Une escorte imposante suivit l'évêque dont l'entrée à Oran fut une grande joie pour la population chrétienne.

Le préfet d'Oran, les conseillers de préfecture, le maire, les adjoints, toutes les autorités civiles et tout le clergé attendaient à la porte du quartier de la Marine, et les états-majors de tous les régiments étaient réunis dans la cour d'honneur et dans le grand salon du Château-Neuf.

L'évêque traversa la ville au pas, envoyant ses bénédictions sur la double haie respectueusement et profondément inclinée des hommes, des femmes, des enfants, des vieillards, des pauvres et des riches, presque tous en grand deuil, presque tous versant encore des larmes que provoquaient les regrets du cœur.

C'était solennellement triste et douloureusement émouvant.

Le général Pélissier reçut l'évêque au Château-Neuf et il lui présenta, séance tenante, tous les officiers présents.

Un appartement avait été préparé pour l'évêque dans le palais du général.

Le lendemain de son arrivée à Oran, Mgr d'Alger visita la ville, les hôpitaux, les églises et indistinctement tous les quartiers chrétiens, juifs, arabes, qui avaient été les plus éprouvés, apportant partout avec lui les suaves consolations de ses saintes paroles.

Il fut décidé et il fut annoncé qu'une grande procession serait solennellement faite, le vendredi suivant, à la chapelle vénérée du Santa-Cruz, pour aller implorer la miséricorde divine.

Cette procession, que j'ai eu l'honneur de suivre, est l'une des plus religieusement belles auxquelles j'aie assisté, et cependant j'en ai vu d'éblouissamment majestueuses à Rome, à Séville, à Palerme et à Jérusalem.

Mais si, comparativement aux autres, la procession d'Oran, faite dans de frémissantes conditions de terreur et de douleur, manquait de richesse pompeuse et de somptuosité, on sentait dans son ensemble une dignité si grande, une foi si pure et si profonde que les yeux se mouillaient en la voyant passer et qu'on s'inclinait, non pas en obéissant à une règle d'habitude, mais à une conviction sincère.

C'est que tous ceux qui marchaient là allaient demander à Dieu de préserver de la moisson de la mort une mère, un père, une femme, un mari, des enfants, quand la terre était encore ouverte sur les cercueils qu'on y enfouissait depuis quarante jours.

Des soldats, tenant l'arme basse comme dans un enterrement, marchaient en tête, faisant faire place au cortége.

Alors, s'avançait le clergé d'Oran, puis le clergé de l'évêque venait ensuite, et Mgr d'Alger, drapé dans son vénérable costume et s'appuyant sur sa crosse dorée, bénissait à chaque pas la population agenouillée de vieillards et d'enfants, qui, ne pouvant prendre part à la procession, formaient deux haies sur son passage.

Après un espace vide, le général Pélissier, le front découvert, marchait à la tête de son état-major, précédant le préfet d'Oran, la magistrature, les autorités civiles, les généraux commandant les subdivisions, les colonels, les officiers de marine et tous les états-majors des régiments, tous en grand uniforme et tous tête nue.

Ensuite défilaient les notoriétés de la société oranaise, les consuls des différents pays, les riches bourgeois, les cultivateurs, et enfin toute la population chrétienne, espagnole et française, augmentant son nombre à chaque rue devant laquelle on passait et se mêlant aux soldats, aux matelots, aux pêcheurs de Mers-el-Kebir.

Deux lignes de soldats bordaient le cortége dans toute sa longueur.

La procession était partie du Château-Neuf où habitait l'évêque.

Elle avait descendu lentement cette pittoresque et rapide route du ravin, qui, passant devant la promenade, communique avec le pont de l'*Oued-el-Rahhi.*

Ce pont traversé, elle s'engagea dans le quartier de la Marine, se dirigeant vers le sentier escarpé du Santa-Cruz.

L'élévation de la chapelle est à plus de 400 mètres au-dessus du sol. Le sentier en zig-zag qui y conduit, a donc près d'une lieue et demie d'ascendance incessante.

Quand la procession s'engagea sur cette petite route, se dessinant comme une ligne brune sur les flancs arides et moussus du gigantesque rocher sur lequel pousse çà et là un palmier, le coup d'œil, pour ceux qui étaient restés dans la ville, devait être magnifiquement beau et d'une bizarrerie imposante.

Cette longue file processionnelle dans laquelle se mêlaient les costumes religieux, les uniformes étincelants, les toges des magistrats, les habits brodés des officiers civils, les vêtements sombres des bourgeois et les robes de deuil des femmes, avec lesquelles tranchaient les nuances scintillantes des costumes espagnols et ceux des pêcheurs de Mers-el-Kebir et les uniformes des soldats, des matelots, des gardes-côtes.

Un magnifique soleil éclairait éblouissamment cette magnifique procession, et des chants religieux montaient dans les airs.

L'espérance était si bien dans tous les cœurs, que ce jour-là fort peu succombèrent aux atteintes du choléra.

Le lendemain, l'évêque se rembarqua pour Alger.

Le choléra cédait, après quarante-deux jours de durée, et la ville d'Oran avait perdu un *septième* de sa population.

Il n'est pas d'exemple, dans aucune autre ville d'Europe ou d'Orient, d'un effet destructif aussi violent du choléra que celui qui plongea la ville d'Oran dans le deuil durant ces deux mois de novembre et de décembre 1849.

Quand le choléra éclata si furieusement, tous

mes amis d'Oran me conseillèrent de quitter la ville et d'aller à Alger ou de retourner en France, mais je refusai obstinément.

J'étais venu passer l'hiver à Oran par plaisir, pour visiter mon plus vieil ami d'enfance, et la pensée de m'embarquer en laissant cette ville désolée derrière moi, me causait une répugnance invincible.

Je comprends que lorsqu'on a près de soi ou loin de soi, une femme, des enfants, des êtres qui ont besoin de notre existence, on fuie le danger ; mais quand on est seul et sans utilité, on ne peut pas abandonner ses amis pour se sauver soi-même.

Puis, j'avais passé tout l'été à Paris, en plein choléra, et le choléra l'avait quitté avec moi à la fin d'août pour aller à Lyon où j'allai aussi. Je le retrouvai à Marseille, je le retrouvai à Oran, il y avait six mois que nous vivions ensemble en très-bonne intelligence, je pensai que nous pouvions continuer à nous accorder, et je restai.

XV

La saison des pluies.

Depuis trois mois et demi que j'étais installé à Oran, je n'avais pas eu à souffrir de ces brusques changements de température, si pénibles dans les pays chauds.

J'étais arrivé dans notre colonie à l'époque où finissent les grandes chaleurs et où commence cette saison douce et tempérée d'octobre et de novembre qui diffère si peu de nos derniers jours d'été.

Nous étions dans la première quinzaine de décembre et il faisait encore un temps superbe. Le ciel était constamment d'un bleu tendre et le soleil, aux rayons d'une douceur caressante, avait des reflets violacés dégageant des vapeurs.

En Afrique, le calendrier européen est en retard.

Notre splendide mois de septembre arrive, de l'autre côté de la Méditerranée, vers la fin de novembre.

La nuit, les rosées étaient abondantes : aussi la campagne était-elle verte. Le *simoun* ne soufflait pas.

On respirait bien, on se sentait vivre, et j'éprouvais une véritable joie à aller galoper tous les jours dans ces immenses plaines de palmiers nains, de chênes-liége, de cactus et d'aloës, chassant la perdrix, la pintade, le lièvre, le sanglier, tous les nombreux gibiers qui y abondent.

Cependant, pour être juste, il faut avouer que ce gibier d'Afrique est loin, bien loin, de valoir le nôtre comme finesse de goût.

Cela s'explique : nos forêts, si riches en végétations et toujours arrosées par de nombreux ruisseaux, offrent, à ses habitants pennés et poilus, toutes les ressources d'une riche végétation nutritive.

En aucun pays d'Europe même, le gibier n'est aussi beau qu'en France.

En Afrique, sur cette terre inculte, brûlée neuf mois de l'année par un soleil ardent dont de très-rares cours d'eau ne peuvent combattre la desséchante influence, le gibier n'a, pour nourriture, que des feuilles rudes, brûlées par la chaleur incandescente des rayons lumineux et rongées par des couches successives de poussière.

Pas d'eau claire, toujours une eau saumâtre.

Aussi la perdrix, le sanglier, le lièvre, le lapin sont-ils de nature sèche et maigre, et la chair a une fermeté nerveuse que rien ne peut combattre.

Les meilleurs gibiers, les seuls bons, sont d'ordinaire la gazelle et les poules de Carthage.

Heureusement qu'à cette époque de l'année les émigrations du Nord sont abondantes, et nous avions des nuées de canards, de sarcelles, de vanneaux, d'oies sauvages qui venaient s'abattre tous les jours sur nos côtes. C'était du gibier d'Europe qui traversait la Méditerranée à tire-d'aile.

La *Popote* bénéficiait de mes chasses, et le chasseur heureux était fêté.

Le choléra avait complétement disparu, sans laisser aucune trace, et la ville, oubliant ses douleurs, commençait à sourire.

La *Popote* avait ses loges au théâtre qui donnait des représentations trois fois par semaine, et chacune de ces représentations était une occasion de réunion pour la meilleure société d'Oran.

Tout en me plaisant fort au milieu de ces excellents amis qui m'avaient accueilli avec un si cordial accueil, j'avais hâte de reprendre, dans la province, mes excursions que le choléra avait interrompues.

Je voulais tout d'abord aller à Tlemcen afin de

visiter le sud de la province, pour revenir ensuite par Sidi-bel-Abbès.

— Mon plan est fait — dis-je un soir à Renson.

Nous causions, tous deux, appuyés sur la balustrade de la fenêtre du pavillon mauresque que nous habitions, et nous avions devant nous un horizon immense : Oran, la plaine et la mer.

La nuit était belle, mais un peu vaporeuse. La lune se voilait à demi sous des nuages clairs, sorte de brouillards qui se glissaient lentemement dans l'atmosphère avec des tons grisâtres.

La brise de mer, qui souffle tous les soirs apportant sur le littoral sa fraîcheur humide et bienfaisante, avait été molle ce soir-là et elle était promptement tombée.

Il y avait un silence profond dans la ville et dans la nature.

— Je partirai demain matin — repris-je — je déjeûnerai à Misserghin et le soir j'arriverai facilement à Aïn-Tesmouchen. Après-demain je serai à Tlemcen. J'y resterai quinze jours et je reviendrai par Sidi-bel-Abbès et par la plaine du Tlétat. Ainsi, je connaîtrai tout le sud de la province.

Renson secoua la tête en souriant railleusement :

— Tu veux partir demain matin ? — me dit-il.

— Oui, tous mes préparatifs sont à peu près faits et je vais les terminer cette nuit.

Renson sourit encore et il regarda le ciel.

Les vapeurs continuaient à s'amonceler : le silence était encore de plus en plus profond. Pas un souffle n'agitait les feuillages encore verts des pousses d'automne.

L'air était lourd à respirer.

— Pourquoi ris-tu quand je parle de mon départ pour demain ? — demandais-je un peu intrigué par l'air railleur de mon ami.

— Parce que — me répondit-il — tu ne partiras ni demain, ni après demain, ni les jours suivants.

— Je ne partirai pas ? — m'écriai-je avec étonnement.

— Non.

— Et qui me retiendra ?

— Le *Siroco* d'abord et les pluies ensuite.

— Le *Siroco?* — répétai-je.

J'avais, depuis mon séjour en Afrique, appris à connaître ce qui c'était que ce vent du désert que les Arabes de nos provinces nomment ainsi et que les Arabes de l'Arabie appellent le *Simoun*.

Quelques jours avant l'invasion du choléra à Oran, soixante douze heures de *Siroco* nous avaient brisés.

Rien n'est aussi pénible, aussi douloureux à supporter que les atteintes de ce vent qu'aucun obstacle n'arrête et qui apporte, dans ses vapeurs chaudes et désséchantes, tous les miasmes putrides émanant de cette immensité d'alfahs qui rampent dans le désert depuis que le désert est désert, c'est-à-dire depuis que le monde est monde.

Le *Siroco* brûle, dessèche et anéantit tout sur son passage.

Sa chaleur, semblable à celle d'une vapeur d'eau, provoque une incessante transpiration fatigante, même quand on ne bouge pas. La sécheresse cause à la peau une douleur lente qui fait souffrir à chaque mouvement. La respiration est constamment gênée, les yeux s'entrouvent avec peine et, après quelques heures, une fièvre que rien ne peut combattre détermine un abattement complet.

D'ordinaire, le *Siroco* dure un jour, trois jours, six jours, ou neuf jours.

A ses premières atteintes, quelle que soit la saison, chaude ou froide, l'habitant du désert et l'habitant des villes prennent leurs précautions.

Au désert, l'Arabe a toujours avec lui un baromètre vivant qui le prévient quelques heures à l'avance des précautions à prendre. Ce baromètre vivant, c'est le chameau.

Quand l'intelligent animal flaire l'approche du *Siroco*, il s'arrête et il creuse, avec son pied, un trou profond dans la terre où il enfouit l'extrémité de sa tête, pour éviter l'atteinte brûlante du vent.

Quand la troupe des chameaux est nombreuse, ils se réunissent toujours. Il se rangent en ligne courbe, présentant le dos et rapprochant leurs têtes d'un point central.

S'agenouillant sur les jambes de devant, ils laissent droites celles de derrière, et la tête enfouie dans le trou creusé, ils attendent, présentant au *Siroco* une véritable colline dont leurs bosses sont la cîme.

L'Arabe se sert de cet abri vivant : il place sa tente au point central formé par la position courbe des chameaux et quand le vent du désert arrive, chassant devant lui un nuage épais de poussière qui fait la nuit en plein soleil, il n'a rien craindre. Le rempart des chameaux préserve sa tente.

Dans les villes on prend d'autres précautions.

Là, le *Siroco* est moins puissant car, en passant sur les marais et sur les cours d'eau, il s'est dégagé de ses miasmes les plus putrides, mais si son atteinte est moins dangereuse elle est tout aussi pénible à supporter.

A la première rafale, fenêtres et portes sont hermétiquement fermées, soigneusement calfeutrées, afin de s'opposer à tout passage de l'air.

On bouge le moins possible et, en cas de siroco, on ne se visite plus.

A cette époque, je n'avais pas encore fait mon long voyage en Orient et en Egypte et, depuis mon arrivée dans la province d'Oran, je n'avais subi que trois jours d'un Siroco presque tiède; celui qui avait précédé le choléra. Je n'avais donc pas encore une appréciation très-exacte de ce vent du désert, de ce simoun qui, dans les plaines de la Syrie, a détruit, anéanti et fait disparaître en 1838, dans un accès de fureur, une caravane entière revenant de la Mecque et composée de près de *trente mille* pèlerins.

Le siroco ne m'effrayait pas alors.

— Bah! — dis-je à Renson — s'il n'est pas trop brûlant, je me mettrai en route.

— Alors repose-toi si tu veux partir! — répondit Renson en souriant toujours et en me serrant la main.

Il rentra dans sa chambre et quelques heures de nuit s'écoulèrent.

Je subissais la douce influence de ce sommeil bienfaisant qui répare les forces, quand un violent craquement, accompagné d'un horrible mugissement, me réveilla soudain.

Je demeurai tout étourdi : le mugissement sourd augmentait de violence, les boiseries des fenêtres s'ébranlaient et les vitres frémissaient.

Je me précipitai pour regarder au dehors : un tourbillon de poussière noirâtre enveloppait le Château-Neuf, formant nuage au-dessus de la ville.

— Eh bien! — me dit Renson en passant dans ma chambre, — donnes-tu l'ordre de seller?

Je ne lui répondis pas : je demeurais de plus en plus ébahi. J'assistais, pour la première fois, au souffle d'un puissant Siroco.

Ce vent dont je subis toutes les tortures et tous les énervements, six jours durant, me causa un malaise dont aucun terme de notre médecine ne saurait donner l'idée.

Pas une partie de mon corps n'était exempte de douleurs : j'étais brisé comme si je fusse tombé d'une haute élévation et je compris ce que devait ressentir un esclave qui reçoit cent coups de bâtons.

Le sixième jour, ou plutôt, la sixième nuit, je me sentis subitement dégagé.

Je sortis de mon engourdissement pénible et douloureux, en entendant un bruit qui ne ressemblait nullement à celui du Siroco et auquel il venait cependant de succéder.

L'air, depuis six jours raréfié, étouffant, difficilement respirable, devenait frais et humide.

Je m'approchai de la fenêtre et je vis, tombant du ciel, une véritable nappe d'eau.

J'ouvris précipitamment et je respirai, à pleins poumons, cet air vivifiant dont j'étais privé depuis six jours.

C'était la saison des pluies qui commençait.

Nos pluies d'Europe ne peuvent guère donner

une idée des pluies de l'Asie ni de celles de l'Afrique.

Les pluies, comme le Siroco, durent sans discontinuer trois jours, six jours, neuf jours, douze jours. Rarement plus sans interruption.

Si la pluie continuait, les inondations passeraient à l'état de déluge.

Il est impossible de voyager, même de sortir de chez soi, durant ces jours de pluie, auxquels succède un jour de soleil.

Après trois ou quatre accès d'une durée de neuf à douze jours chaque, la pluie s'arrête : le printemps lui succède sans transition et on a, devant soi, dix mois sans autre gouttes d'eau tombant du ciel que celles de la rosée.

Il est juste de dire que la rosée est abondante.

Mes excursions furent donc remises au printemps, c'est-à-dire à la fin de janvier, et j'attendis patiemment.

XVI

La forêt de Muleï-Ismaël.

Un matin de la première semaine de février, le printemps étant revenu, je pris congé de mes amis de la *Popote* et, ma valise bouclée sur la croupe de mon cheval, ma carabine de chasse en bandouillère, je quittai la ville par la route du Ravin-Blanc.

La saison des pluies avait laissé tomber sa dernière goutte et le soleil rayonnait ardemment à l'horizon, illuminant l'azur d'un ciel sans nuage et éclairant chaudement toute cette plaine du Tlélat qui s'étend de la forêt de Muleï-Ismaël jusqu'aux limites d'Oran.

La campagne qui s'étalait à perte de vue, était splendide, merveilleuse, éblouissante à contempler :

c'est que la végétation printanière était alors dans toute sa force et dans tout son éclat.

Sur cette terre, d'ordinaire aride et desséchée, tout était vert et d'un tendre vert émeraude, même le palmier-nain dont d'abondance de l'eau tombée du ciel avait lavé, quarante jours durant, les feuilles devenues d'un gris cendré par les couches successives de poussière.

Des palmiers gigantesques, des oliviers plus gros que nos gros chênes, des bananiers dressaient fièrement leurs têtes, éparpillés dans la plaine inculte des palmiers-nains. Des cactus, des aloës s'étalaient sur le bord de la route avec leurs longs rameaux chargés de grappes de fleurs aux longs pétales.

Au pied de chaque rocher ou autour de chaque jardin de ferme, des haies de figuiers de Barbarie, ces plantes bizarres, sans tronc, sans tiges, sans branches, appelées à juste titre *raquettes* épineuses, car leurs feuilles épaisses et onctueuses en ont la forme, se dressaient en murailles, servant d'enclos infranchissable.

Il n'est pas un animal féroce, même un chacal pressé par la faim, qui puisse franchir cet obstacle naturel. Les épines énormes qui hérissent les feuilles, depuis les premières à demi enfoncées dans le sol jusqu'à celles qui font sommet à quinze ou vingt pieds d'élévation, ne permettent ni passage ni escalade.

Des petites fleurs blanchâtres et des fruits naissants s'épanouissaient sur les tranches supérieures des feuilles raquettes.

Ces fruits, que l'on nomme *figues de Barbarie*, ont une enveloppe rougeâtre. Ils sont en forme de rouleau court, aplati des deux bouts et défendus de tous côtés par une telle quantité d'épines fines et piquantes que les animaux, les oiseaux même les plus hardis, sont contraints à les respecter.

Pour cueillir ces fruits dont la saveur n'est pas très-agréable au goût, mais qui ont la qualité précieuse de rafraîchir à l'aide du liquide abondant dont ils sont imprégnés, on prend une baguette de bois fine et flexible et on tranche le fruit à sa base, ce qui est facile, car il n'a pas de tige, puisqu'il éclôt sur la feuille.

On l'enfile avec l'extrémité de la baguette, et, de cette façon, on évite la douleur et le danger des piqûres des épines.

Avec une autre baguette on détache l'enveloppe et on dégage un fruit moëlleux, rougeâtre et dont la chair ressemble à celle de nos figues sans en avoir la qualité.

En admirant ce paysage magnifique, je suivais, au pas de mon cheval, la route de la *Senia*, ce joli petit village européen, l'un des premiers établis par la colonisation dans la province et qui, dès sa naissance, a commencé à prospérer.

La Sénia est, en quittant Oran, le premier point de la route de Mascara. Or, c'était vers Mascara que je dirigeais mon excursion.

Renson et Lallemand, retenus dans les bureaux de l'Etat-major par un travail très-important, n'avaient pu m'accompagner.

J'étais donc parti seul, refusant même de me laisser suivre par le soldat qui avait soin de mon cheval.

Je voulais voyager en chasseur, et la perspective de cet isolement au milieu de ces plaines immenses que l'on traverse, restant des heures entières sans rencontrer un seul être humain et n'entendant pour tout bruit que les hurlements des chacals et les cris des lynx, ne me déplaisait pas.

D'ailleurs, il n'y avait pas d'erreur possible, et je ne pouvais me perdre dans un pays que je ne connaissais pas, puisque d'Oran à Mascara il n'y a absolument qu'une seule route tracée à laquelle en aboutit une seule autre, celle de Sidi-bel-Abbès.

Celle-ci arrivant en ligne droite du sud et rejoignant la route de Mascara, ne peut faire hésiter.

Donc d'Oran à Mascara et de Mascara à Oran on peut, sans se tromper, marcher les yeux fermés, et les poteaux indicateurs, absents, ne seraient d'aucune utilité.

La distance du parcours du chef-lieu de division au chef-lieu de la subdivision est d'un peu plus de

100 kilomètres. J'avais donc vingt-sept lieues à faire par cette route que je suivais et qui traverse une grande forêt, deux fleuves sans pont, et une chaîne de rochers aigus et arides, qui borde le côté ouest de la plaine d'Eghris. Mais à mi-chemin d'Oran à Mascara, il y a l'*Union agricole* de Saint-Denis-du-Sig.

L'officier qui dirigeait cet établissement alors était le capitaine du génie Alquié, un camarade de la Popote.

Saint-Denis devait donc être mon point d'arrêt, car je m'étais promis de passer quelques jours auprès du capitaine-commandant.

D'Oran à Saint-Denis-du-Sig, il y a quatorze lieues.

J'avais quitté le Château-Neuf à six heures du matin, je pouvais donc accomplir facilement ce parcours en chassant et, sans trop fatiguer mon cheval, arriver à l'heure du dîner.

Je traversai la Sénia, que j'avais souvent visitée, sans m'y arrêter, cette fois, et à neuf heures, j'entrai dans le village du *Figuier*, que l'on a nommé depuis *Valmy*.

Ce village récemment créé alors (il date de 1848) s'élève sur un emplacement empreint de souvenirs historiques, et le nom de Figuier qui lui a été longtemps donné, naît de celui du camp que le maréchal Clausel avait établi là.

Ce fut même dans ce Camp du Figuier que fut conclu, en janvier 1836, le traité accepté par Mustapha-ben-Ismaël, le chef des *Douairs* et des *Smélas*, traité qui n'a jamais été rompu, qui a été religieusement et fidèlement tenu en toutes circonstances par les pères et les fils de ces deux tribus aristocratiques, et qui, sept ans après le jour de sa signature, a coûté la vie au général arabe, devenu général français et commandeur de la Légion-d'Honneur.

Les Douairs et les Smélas, dont j'ai vu souvent les chefs au Château-Neuf et que j'ai visités quelquefois sous leurs tentes, sont les deux plus belles et les deux plus riches tribus de la province d'Oran. Ce sont plus que nos alliés, ce sont nos amis depuis trente ans, et ils nous ont rendu, durant chaque guerre, des services que n'oubliera jamais l'armée d'Afrique.

Du Figuier à la rencontre de la route de Sibi-bel-Abbès, la plaine du Tlélat, sur les confins de laquelle on arrive, n'offre rien de bien attrayant, ni de bien séduisant. Elle est inculte, aride et sèche.

Après une heure de marche, j'atteignis la lisière de la forêt de Muleï-Ismaël que traverse la route de Mascara.

Un petit ruisseau à eau potable borde cette partie de la forêt. Je m'arrêtai près de ce petit ruisseau et je déjeûnai, tandis que mon cheval, laissé en liberté, broutait avec une expression de satisfaction évidente, le nez enfoui dans les hautes herbes vertes qui bordaient le ruisseau.

Les chevaux arabes, habitués à leurs maîtres, n'ont pas besoin d'être attachés, à moins qu'ils ne soient en grand nombre.

Seul avec son maître, un cheval arabe ne cherche jamais à s'éloigner.

Les heures de la plus forte chaleur passées, je me remis en marche, m'engageant dans la forêt.

Quand je dis *forêt*, je me sers du terme consacré par l'usage, mais l'application du mot est bien loin d'être semblable en Europe et dans nos colonies africaines.

Nos forêts d'Europe sont touffues, boisées, avec des grands arbres, des fourrés épais, des sentiers ombragés. On sent là une végétation puissante dont le travail est incessant.

Les forêts d'Afrique se composent, elles, de palmiers-nains, rabougris, ayant à peine une élévation d'un mètre et demi.

Près d'un ruisseau ou d'un puits, il y a souvent de grands arbres : des genévriers, des tuyas, des cèdres, des pins d'Alep, des pistachiers, des tamarins, des oliviers, se dressant çà et là au milieu des palmiers-nains et des chênes-lièges. Mais ces riches produits de la nature n'abondent pas dans ces forêts que les Arabes, depuis des siècles, ont ravagées avec acharnement.

Souvent, et dans la forêt de Muleï-Ismaël surtout, on marche longtemps dans ces palmiers nains sans trouver un peu d'ombre ; aussi le gibier de ces forêts est-il loin de valoir celui de nos bois.

Les perdrix et les lièvres, se nourrissant de feuilles et d'herbes poussiéreuses, de fruits grillés, de graines desséchées, sont maigres et sans saveur.

En traversant la forêt de Muleï-Ismaël, dont la longueur est de dix à douze kilomètres au moins, je rencontrai trois Arabes isolés qui me saluèrent au passage en m'adressant la formule consacrée :

Esselam âlik!

De temps en temps, des bandes de chacals traversaient, en courant, la route sous le nez de mon cheval. Ces chiens sauvages qui peuplent les forêts et les plaines de troupeaux nombreux, ne sont pas d'une dangereuse approche.

Souvent aussi je voyais la touffe d'un palmier-nain s'agiter doucement et un pelage fauve glisser sur les feuilles grises. C'était une hyène qui fuyait avec effroi.

M. de Buffon a fait à la hyène une réputation qu'elle ne mérite pas. Jamais une hyène n'attaque un homme ni même un enfant, à moins que cet homme ou cet enfant ne soit blessé et dans l'impossibilité de se défendre.

D'ordinaire, la hyène se nourrit dans les cimetières en déterrant les morts.

Dans les forêts du sud de la province, aux environs de Sidi-bel-Abbès et de Tlemcen, les panthères ne sont pas rares, mais dans le nord, près des côtes, il y en a peu.

L'animal le plus dangereux à l'attaque duquel on soit exposé est le lynx.

La petitesse du corps, son poil qui ressemble à celui du lièvre, ses longues pattes aux griffes énormes, ses dents aiguës, ses prunelles de feu, son agilité extrême, sa férocité sauvage en font, pour le voyageur ou le chasseur, un ennemi redoutable.

Généralement, il attaque en sautant au visage et en déchirant la peau du crâne.

Quant au gibier, il abonde dans la forêt de Muleï-Ismaïl : les sangliers et les gazelles courent par troupes, faisant fuir au passage des lièvres, des lapins, et envoler des myriades d'oiseaux au plumage éblouissant.

Souvent, en passant près d'un palmier-nain touffu, on entend un bruissement formidable, c'est un porc-épic qui se hérisse.

J'avais mis près de trois heures à traverser la forêt, chassant ces trois heures durant. Aussi ma selle était-elle garnie. Une pintade, un pélican, deux perdrix et deux lièvres appendaient sur les flancs de mon cheval.

En quittant la forêt, j'entrai dans la plaine du Sig et j'aperçus, à courte distance, les maisons blanches de Saint-Denis.

Bientôt je traversai le Sig et je fis mon entrée dans le village, qui ne comptait pas moins de deux cents maisons.

L'établissement de cette colonie remontait à 1845, et depuis cinq ans les colons avaient eu à lutter contre la difficulté des défrichements, les fièvres opiniâtres du pays, les miasmes putrides de la Macta, la sécheresse et le choléra.

Et cependant, le courage triomphant du danger et des fatigues, les cultures prospéraient : céréales, coton, tabac, légumes, mûriers, tout réussissait bien.

Traversant Saint-Denis sans m'y arrêter, je passai, sans pont, deux petits bras de rivière et je fis mon entrée dans la cour de la ferme-modèle de l'*Union agricole* où m'attendait mon brave ami le capitaine du génie Alquié, le Directeur-administrateur.

XVII

L'Oasis.

L'*Union agricole* a été fondée en 1846 par le capitaine d'artillerie Gautier.

De vastes bâtiments d'exploitation, le défrichement de 400 hectares, des irrigations intelligemment établies, la création d'une grande pépinière privée, de nombreuses et belles plantations, la culture en grand du tabac et du coton, les premières éducations sérieuses de vers-à-soie, la construction d'un moulin à eau à deux tournants, la construction d'une briqueterie et d'une tuilerie, le ralliement aux travaux agricoles de l'élément arabe, vivant dans un intime rapprochement avec l'élément européen, la publication d'un bulletin mensuel de colonisation, voilà tout ce qui avait été fait et créé à l'établissement de l'union agricole en trois ans et demi, à l'époque où je le visitai.

Je passai quelques jours près du capitaine Directeur qui eut la complaisance de me faire tout voir en détail, et lorsque je repris la route de Mascara, je lui promis une seconde visite au retour.

De Saint-Denis-du-Sig à Mascara la route prend un aspect sauvagement pittoresque, qui fait comprendre toute l'importance militaire de cette vieille ville arabe dont les murailles ont été tant de fois baignées de sang.

De toutes les villes de la province, Mascara est certes la mieux située pour soutenir l'attaque et la défense.

Une double chaîne de montagnes rocheuses, formidable rempart que les Arabes nomment le *Chareb-el-Rich*, entoure la ville au nord, à l'est et à l'ouest, et l'abrite et la protége contre les atteintes du vent du nord-ouest et contre les attaques des hommes.

Au sud-est, la fertile et luxuriante plaine d'Eghris, qui s'étend dans l'espace laissé libre par l'écartement des montagnes, lui donne un accès facile et une perspective magique.

Abd-el-Kader avait compris ce qu'il pouvait obtenir de cette position unique dans la province, quand il avait fait de Mascara sa capitale et le boulevard de sa puissance.

Au reste, il connaissait le pays depuis sa plus tendre jeunesse, puisque son berceau était *Cachrou*, cette bourgade arabe dépendante de Mascara et qui sera toujours fière, à bon droit, d'avoir vu naître l'Émir.

Sur les confins des terres appartenant à l'Union agricole descend le versant occidental de la première chaîne du Chareb-el-Rich. C'est cette première chaîne qui sépare le bassin du Sig de celui de l'Oued-el-Hamman, ce fleuve dont le lit est encaissé entre les deux chaînes de montagnes.

Une heure après mon départ de Saint-Denis, je m'engageai donc sur ce chemin taillé dans le roc, tour à tour montant, descendant, contournant les pics et décrivant des zig-zags dans les passages difficiles.

Les aigles, les éperviers, les poules de Carthage, les corbeaux rapaces du désert voltigeaient en criant et en croassant autour des cîmes aiguës.

J'avais atteint le haut du versant de la première chaîne et je descendais vers un ravin profond.

Tout à coup j'entendis un bruissement sourd et saccadé monter jusqu'à moi. Je contournais alors l'angle d'un rocher à pic : j'aperçus au fond du ravin les flots bouillonnants de l'Oued-el-Hamman.

La route descendait, à l'aide d'un circuit habilement tracé, jusqu'à la rive de ce fleuve aux eaux verdâtres et impotables et qui va confluer avec le Sig dans les marais pestilentiels de la Macta.

Il fallait trouver un gué pour passer sur l'autre rive, où les rochers de la seconde chaîne se redressaient tout hérissés de pointes menaçantes.

Bientôt j'atteignis la rive du fleuve, et je suivis la route qui la longeait et qui devait évidemment m'indiquer l'endroit guéable.

En dépassant un bloc de rochers, se dressant comme une muraille, je m'arrêtai tout émerveillé.

J'avais, devant moi, un véritable oasis.

Les rochers, décrivant une courbe en face du fleuve, laissaient un grand espace vide abrité contre tous les vents.

Le sol, recouvert d'herbes vertes d'une adorable richesse de tons, était arrosé par un ruisseau d'eau vive serpentant capricieusement. Ce ruisseau, jaillissant de la base du rocher, formait cascade et allait se jeter dans le fleuve.

Deux grands palmiers se dressaient de chaque côté de la source. Des buissons de lauriers-roses, des orangers, des citronniers, des mûriers, des grenadiers formaient des groupes chargés de fleurs odoriférantes.

Une douce fraîcheur régnait dans ce charmant oasis, car l'ombre, projetée par les rochers se dressant à pic, s'opposait au passage des rayons lumineux.

Au milieu de la verdoyante prairie se dressaient trois tentes arabes près desquelles broutaient des chevaux en liberté.

Trois hommes, assis sur un tapis, fumaient gravement. Des nègres étaient près des tentes et un chameau était accroupi près du ruisseau.

Dans l'un des trois Arabes qui me saluèrent et auxquels je rendis leur salut, j'avais reconnu un des chefs de la tribu des Smélas, que j'avais vu souvent au Château-Neuf et au bureau arabe.

Il se nommait Caddour-ben-Aouda, et il était fils des *grandes tentes*, c'est-à-dire *noble*.

La vue de cet Arabe, apparaissant subitement devant moi, réveilla brusquement mes souvenirs. Je pensai à Mustapha-ben-Ismaël, dont Caddour avait épousé une fille et qui, quelques années plus tôt, avait péri lâchement assassiné, près de l'endroit où nous nous trouvions, après avoir passé en sens contraire ce fleuve que j'allais traverser.

Arrêtant mon cheval sur le bord de la berge, j'avais les yeux fixés sur les eaux sombres de l'Oued-el-Hamman, et je demeurai plongé dans mes réflexions, cherchant instinctivement l'endroit où avait été commis le crime.

Il y avait quelques instants que j'étais ainsi, immobile et absorbé en moi-même, quand j'entendis une voix sonore prononcer solennellement cette formule de la langue arabe :

— *Teh' ab-chi necherob doukkran? Teh' ab-chi necherob quaoua?*

Je me retournai vivement sur ma selle. Sidi Caddour était près de moi. Il me présentait de la main droite une magnifique pipe turque au bout d'ambre incrusté de pierreries qu'il venait d'allumer, et de la main gauche, il désignait avec un geste superbe des tasses de terre rouge placées sur un plateau de laque, près la plus grande des trois tentes.

On ne doit jamais hésiter, avec un Arabe, pour répondre à un tel acte de politesse, qui indique respect, estime et affection.

Je mis pied à terre, et, tandis qu'un nègre prenait soin de mon cheval, je portai à mes lèvres le bout d'ambre de la pipe que me présentait Caddour.

Nous nous dirigeâmes vers les deux autres Arabes et les salutations échangées, je m'étendis sur le tapis moëlleux.

Depuis que je visitais l'Afrique, je m'étais familiarisé svec la langue arabe sans l'apprendre. Je ne la parlais pas dans l'acception rigoureuse du mot : j'étais même dans l'impossibilité de causer en arabe, mais j'en savais assez pour demander tout ce qui était nécessaire dans la vie.

Caddour, heureusement, qui depuis quinze ans était en relation constante avec les Français, parlait notre langue aussi bien qu'un interprète.

Aussi, dès que je fus assis et que j'eus vidé ma première tasse de café, m'adressa-t-il la parole en langue française, tout en continuant à me tutoyer :

— Tu cherchais l'endroit du fleuve où tu pouvais faire passer ton cheval ? — me dit-il.

— Non — répondis-je — je pensais.

Caddour garda le silence. Je me retournai vers lui :

— Je pensais au grand chef des Douairs et des Smélas — repris-je — à l'ami de la France, que des lâches assassins ont frappé, et je me demandais où était la place où il était tombé.

Caddour se redressa et ses yeux flamboyèrent :

— Je te l'indiquerai — dit-il — si tu le veux.

— Tu sais donc où il est mort ?

— J'étais avec lui quand les maudits l'ont frappé.

— Près de lui ? — m'écriai-je avec étonnement.

Caddour-ben-Aouda secoua douloureusement la tête :

— Non — dit-il — j'étais loin de lui ! Le fleuve nous séparait. Quand Mustapha-ben-Ismaël tomba, après avoir tué les deux tueurs, je m'élançai dans le fleuve, mais j'arrivai trop tard. Sa tête était tranchée !

Caddour leva les yeux vers le ciel avec un geste de colère poignante.

— Et tu me conduiras à l'endroit même où il a été frappé ? — demandai-je.

Caddour fit un signe affirmatif :

— Oui — dit-il.

— Quand cela ?

— Demain, après la première ablution.

— Demain il sera trop tard. Je dois être ce soir à Mascara.

— Passe la nuit sous ma tente — reprit solennellement Caddour — et à la première heure du jour, nous partirons avec Soliman-ben-Annès, Mohamed Lebjaoui et mes serviteurs.

— Tu vas aussi à Mascara ?

— Non : je traverserai la plaine.

— Où vas-tu ?

— Chez le grand chef, le *Kalifa du Cheurg*.

— Sidi Laribi ? — dis-je vivement.

Caddour inclina la tête.

J'avais dîné plusieurs fois au Château-Neuf, à la table du général Pélissier, avec ce chef arabe, le plus illustre, le plus important et le plus riche personnage de toute la province.

Son titre de *Kalifa du Cheurg* c'est-à-dire de l'est, et sa décoration de commandeur de la Légion d'honneur ont été la récompense de sa grande fidélité à la France.

— Sidi Laribi ! — répétai-je — dis-lui, quand tu le verras, que bientôt j'irai le visiter dans son palais de Bel-Assel, puisqu'il m'en a fait deux fois l'invitation.

La journée s'écoula en causerie sérieuse et je dînai avec les trois Arabes. Notre repas se composa d'une gazelle rôtie au bois de laurier, et du *couscoussou* traditionnel, cette sorte de pâtisserie que les femmes arabes fabriquent en roulant de la farine de maïs dans leurs mains.

Le dîner terminé, les ablutions du soir faites, les pipes allumées, je ramenai la conversation sur Mustapha.

Caddour connaissait sa vie jusque dans ses moindres détails, et il me la raconta, en employant ces termes pompeux que notre langue n'admet pas, mais qui ont un grand charme dans la langue arabe.

Les paroles de Caddour sont demeurées gravées dans mon esprit, et la vie et la mort du grand chef des Douairs et des Smélas, offrent trop d'intérêt pour que je n'en parle pas dans mes souvenirs d'Afrique.

XVIII

Mustapha-ben-Ismaël.

Mustapha-ben-Ismaël était agha des Douairs et des Smélas quand nous nous emparâmes d'Alger, en 1830. Il avait alors près de soixante ans.

Dans les premiers temps de notre occupation de la province d'Oran, il combattit contre nous, puis sa haine pour Abd-el-Kader le ramena dans une autre route.

Mustapha était tout aussi ambitieux que l'Émir, mais il était plus que lui audacieux, fougueux et franc dans ses attaques.

Méconnaissant l'autorité d'Abd-el-Kader, il demeura, avec ses deux tribus, isolé entre la puissance de l'Émir et celle des nouveaux conquérants.

A cette époque, l'hésitation du gouvernement

français était si grande par rapport aux possessions d'Afrique, qu'elle nuisait à nos généraux en augmentant la force des Arabes. La succession des incroyables traités qu'on fit alors avec Abd-el-Kader prouve facilement le manque absolu de résolution.

Après le traité fait par le général Desmichels, en 1834, et qui reconnaissait Abd-el-Kader chef souverain de la province d'Oran, l'Émir, tranquille du côté des Français, se retourna vers ses ennemis personnels.

Parmi ceux-là le plus puissant était Mustapha-ben-Ismaël.

L'Émir, à la tête d'une armée considérable, composé de nombreux cavaliers, se rua sur les Douairs et les Smélas et les battit, malgré les efforts de Mustapha.

Après la bataille, qui avait eu lieu dans la matinée, l'Émir se mit en marche sur Tlemcen, et il campa le soir, sans prendre de précautions, sur la lisière de la forêt de Zetoul.

Mustapha était battu, mais non vaincu. Il avait suivi et épié son vainqueur.

Rassemblant tout ce qui lui restait de ses deux tribus, il tomba, au moment où minuit sonnait, sur l'armée victorieuse et il la mit en pleine déroute, lui tuant plus d'hommes qu'on ne lui en avait tué, reprenant tout ce qui lui avait été pris et même plus encore.

Abd-el-Kader déploya un courage héroïque; il eut un cheval tué sous lui; mais les Beni-Hamer fuyaient et ce fut par un hasard étrange qu'il put échapper à la mort et à la captivité.

Mustapha ne put cependant profiter de sa victoire. Le général Desmichels le désapprouva et le menaça de poursuites s'il ne s'entendait pas avec l'Émir.

Avec un pareil système, qui a été prolongé des années, on ne s'étonnera pas de la puissance qu'a conservée si longtemps Abd-el-Kader et qu'il a perdue le jour où on a agi énergiquement.

Mustapha fit un semblant de paix avec l'Émir, mais il se retira avec son maghzen dans la ville de Méchouar.

Quelques temps s'écoulèrent et la guerre reprit entre l'agha et l'Émir. Abd-el-Kader fit bloquer Mustapha dans Méchouar.

Mustapha et ses Coulouglis se défendirent avec une habileté et une fermeté qui contraignirent les Arabes ennemis à cesser le siége. Ils le levèrent en apprenant que le maréchal Clausel, récemment rappelé en Afrique pour réparer nos désastres, venait de faire une halte à Ouzida. C'était en janvier 1836.

Mustapha-ben-Ismaël écrivit au maréchal pour l'avertir de sa visite. Des cavaliers de nos régiments furent aussitôt envoyés pour faire au chef des

Douairs et des Smélas une escorte d'honneur.

Quand le vieil agha fut en présence du maréchal, il le salua avec fierté et lui dit d'une voix grave :

— J'ai perdu, il y a quelques jours, soixante de mes plus braves enfants, mais la joie que me cause votre rencontre me fait oublier tous mes malheurs passés. Depuis six ans que j'ai reçu plus de cent lettres de généraux français, je n'ai pas osé me fier à eux; mais votre réputation et votre conduite sur nos terres d'Afrique m'inspirent tant de confiance que je viens me mettre entre vos mains ! »

A partir de ce jour, Mustapha fut notre ami, et il prit une large part dans tous nos succès, ne nous abandonnant jamais dans nos revers.

Nommé d'abord officier de la Légion d'honneur, il fut ensuite créé maréchal-de-camp, le 29 juillet 1837, pour le récompenser de la part si énergiquement active qu'il avait prise à l'expédition de Tlemcen et au combat de la Sikka.

Ce fut alors qu'il vint en France et qu'il fut reçu, à Paris, par le roi Louis-Philippe.

L'éclat de son nom, son âge avancé, son dévoûment reconnu à la France, son étrangeté mêlée de gloire avaient animé la curiosité des Parisiens. Il fut fêté.

Mais ce qui frappa le vieux guerrier arabe, ce furent les prodiges de notre civilisation, dont il ne se doutait pas et qu'il comprit.

Quand il retourna à Alger, pour de là se rendre à son camp, un officier de ses amis lui demanda comment il avait trouvé la France :

— Je ne comprends pas — dit-il — que les habitants d'un si beau pays viennent se battre pour nos misérables terres d'Afrique !

En 1842 sa glorieuse conduite dans les expéditions dirigées contre Takdemt et contre Mascara, lui valut la croix de Commandeur de la Légion d'Honneur. Malheureusement ce fut sa dernière récompense.

En 1843, nous étions en pleine guerre avec Abd-el-Kader que nous attaquions de tous les côtés à la fois.

Le général de Lamoricière commandait alors la division d'Oran.

Tandis que le duc d'Aumale s'avançait au sud de la province d'Alger, vers le Raz-el-Aïn là où campait la Smahla d'Abd-el-Kader, le général Lamoricière marchait à l'est de la province d'Oran, se rapprochant du prince.

Il s'agissait de soumettre toutes les tribus comprises entre l'Oued Chelif et l'Oued-Mina.

La plus rebelle de ces tribus était celle des Flittas, les ennemis acharnés des Douairs et des Smélas. Il y avait entre ces tribus la même haine que celle qui régnait entre Abd-el-Kader et Mustapha-ben-Ismaël.

Pendant une récente expédition sur les frontières du Maroc, les Flittas, profitant de l'absence des hommes, avaient fait une razzia sur les tentes des Douairs et des Smélas, tuant les vieillards, et enlevant les filles et les enfants qui n'avaient pas pu fuir.

A leur retour, les Douairs et les Smélas avaient juré vengeance.

Mustapha-ben-Ismaël demanda au général de Lamoricière la mission de faire une razzia sur les Flittas. L'ordre fut donné.

Il y a peu de tribus comptant d'aussi excellents soldats que celles des Douairs et des Smélas. Dans leur rage furieuse, dans leur soif de vengeance, ils massacrèrent les Flittas, ils anéantirent la tribu, ramenant, à leur tour, les femmes, les filles et les vieillards en ne laissant que des cadavres sans tête derrière eux.

Le butin était immense, car les Flittas étaient riches et ils avaient été surpris.

Heureux de leur victoire, les Douairs et les Smélas reprirent la route d'Oran, les cavaliers marchant à pied et les chevaux portant les produits de la razzia.

Mustapha chevauchait à la tête de son maghzen et il veillait à tout.

On venait d'atteindre El-Biada, près de Kerroucha et il fallait franchir le fleuve dont les eaux heureusement étaient basses.

L'embarras que causait le chargement des chevaux portant les produits de la razzia, rendait le passage plus difficile.

Mustapha-ben-Ismaël poussa l'un des premiers sa monture dans les eaux du fleuve.

Quand il fut sur l'autre rive, il se retourna pour présider au passage de ses Arabes.

Deux ou trois hommes seulement étaient près de lui.

Tout à coup, deux coups de fusil retentirent et des cris féroces éclatèrent.

Deux balles venaient de traverser la poitrine de Mustapha, et dix hommes s'élançaient de derrière un amas de palmiers-nains.

Les deux premiers tenaient à la main leurs fusils fumants.

Avant qu'ils eussent fait un pas, Mustapha, qui avait saisi les deux pistolets passés dans sa ceinture, faisait feu des deux mains et les deux assassins tombaient morts frappés par leur victime.

Malheureusement le cheval, effrayé, bondit, se cabra et renversa le cavalier mourant.

Tout s'était accompli avec la rapidité de l'éclair.

Ceux qui étaient près de Mustapha, saisis d'une terreur soudaine, avaient fui, tandis que les Douairs et les Smélas, demeurés sur l'autre rive, s'élançaient dans l'eau.

Mais avant qu'aucun secours fût arrivé, les assassins tranchaient la tête du chef arabe et s'enfuyaient en l'emportant.

— Et jamais on ne put retrouver cette tête ! — dit avec un profond et douloureux soupir Caddour-ben-Aouda, quand il eut achevé son récit.

— Et ses assassins ? — demandai-je.

— Ils sont demeurés oubliés.

— On ne sait pas qui ils sont ?

— Non ! j'en ai tué beaucoup cependant pour apprendre !

— Et tu n'as rien su ?

— Rien !

Après un silence, Caddour reprit :

— Les chefs de nos tribus rendirent les derniers honneurs à ce cadavre sans tête. On plaça près de lui, dans sa tombe, le drapeau vert et blanc qui ne le quittait jamais et qui indiquait sa présence à ses enfants et à ses ennemis.

En achevant ces mots, Caddour courba la tête et il ne parla plus.

Plongé moi-même dans les réflexions qu'avait fait naître son récit, je ne fis rien pour rompre le silence.

Je pensais à cet illustre chef, l'un des plus fidèles alliés de la France sur cette terre d'Afrique, et je savais que si sa mort avait été et était encore un deuil pour les Arabes du Tell, c'était aussi un grand regret pour tous nos officiers de la province.

Aucun n'ignorait dans l'armée les services rendus par Mustapha.

Suivi de ses cavaliers dévoués, dont le péril n'arrêtait jamais la bravoure, il éclairait sans cesse nos marches et, continuellement en vue de l'ennemi, il prévenait les généraux français toujours à temps.

Tous ceux qui avaient fait des expéditions dans la province, se rappelaient la physionomie de ce héros qui comptait cinquante six ans de guerre sans une année de repos.

Quand Mustapha-ben-Ismaël fut tué, il était dans sa soixante-quatorzième année d'existence.

XIX

Mascara

J'avais quitté Caddour en vue de Mascara.

Le chef arabe s'était dirigé, avec ses amis et sa suite, vers la route de Sidi-bel-Hacel tandis que je descendais la pente conduisant à la ville.

Mascara, ainsi que je l'ai dit, est dans une situation essentiellement pittoresque.

Cette ville forme, avec Oran et Mostaganem, un triangle dont chaque chef-lieu de subdivision est un point différent. Mostaganem est, en ligne directe, au nord de Mascara, et Oran à l'ouest de ces deux villes, à distance égale.

Selon les traditions locales, Mascara a été construite par les Berbères sur les ruines d'une vieille ville romaine, et l'étymologie de son nom *Masker* (*camp de soldats*), atteste une antique réputation guerrière qu'a justifiée son histoire moderne.

Mascara, à l'époque de la domination turque, a été longtemps la résidence des beys de la province, qui ne l'abandonnèrent pour siége que lorsque les Espagnols eurent évacué Oran.

Abd-el-Kader en fit sa résidence et le centre de ses opérations.

Nous nous en emparâmes définitivement en 1841, au printemps.

Tous les habitants, dévoués à Abd-el-Kader, avaient émigré après avoir démoli les maisons.

L'armée française installée, Mascara fut déclarée chef-lieu de la 4ᵉ subdivision militaire, et ses ruines furent bientôt relevées.

En peu de temps, Mascara reprit son ancienne importance.

Au reste, elle a tout pour prospérer: de l'eau d'excellente qualité en abondance; un air pur et sain; des chaînes de montagnes qui l'abritent contre les vents du nord et de l'ouest; une perspective magnifique autour d'elle et une élévation de 400 mètres au-dessus du niveau de la mer.

Mascara se divise en cinq quartiers bien distincts les uns des autres.

D'abord la ville proprement dite, *Mascara*, qui est entourée d'une muraille représentant assez exactement un carré. A chacun des angles de ce carré s'élèvent des tours surmontées d'une plate-forme propre à recevoir une ou deux pièces d'artillerie.

Puis : *Baba-Ali*, le quartier situé au nord : *Aïn-Beida*, le quartier situé au sud : *Rekoub-Ismaïl*, placé à l'ouest, et le quartier européen à l'est.

Mascara est le point central, et ces quatre quartiers sont rattachés à la ville comme quatre faubourgs.

Mascara est percée de trois rues principales; elle a deux places publiques, une assez jolie mosquée, deux *fondouks* (marchés) et de belles casernes.

Ses maisons sont généralement basses et ne s'élèvent que rarement au-dessus du rez-de-chaussée. Un grand nombre appartient à des Arabes et à des Turcs, et a conservé le caractère mauresque.

Mascara a un débouché utile et précieux sur la vaste et fertile plaine d'Eghris. Aussi, indépendamment de l'importance politique et militaire qu'elle a toujours eue et que justifie sa position, la nature l'a dotée d'un grand avenir commercial et industriel.

Le sol et le climat y sont également favorables à la culture des céréales, du tabac, de la vigne et de l'olivier.

Ses fabriques de burnous noirs sont renommées et ses burnous de laine blanche ont aussi une réputation dans toutes nos provinces.

On y fait des tapis très-estimés des Arabes, qui les nomment *tapis de Kalaâ*.

Trois fois par semaine, il y a grand marché à Mascara.

Quand je fus reposé des fatigues de la route, j'allai, après avoir visité toute la ville, faire des promenades dans ses environs.

J'aimais à galoper dans cette luxuriante plaine d'Eghris dans laquelle le gibier de tout genre et de toute sorte abonde. Les sangliers y courent par bandes, et un matin nous en tuâmes sept.

Ils n'étaient pas énormes comme les solitaires de nos forêts, mais ils avaient une respectable taille et de plus respectables défenses encore.

J'allai aussi visiter souvent les bourgades Arabes qui dépendent de la ville : El-Bordj, Kolaath, Thouat.

A cette époque où je visitai Mascara, le maréchal Bazaine, alors colonel d'un régiment d'infanterie de ligne, remplissait les fonctions de commandant de la subdivision.

J'avais souvent eu l'honneur de rencontrer le colonel dans les salons du Château-Neuf, chez le général Pélissier, à Oran.

Quelque temps après mon voyage à Mascara, le colonel, nommé général de brigade, reçut le commandement d'une subdivision dans la province de Constantine.

Le général s'embarqua sur le *Titan*, corvette de l'État, faisant le service d'Alger à Mers-el-Kebir et commandé par M. le contre-amiral d'Herbingen, alors capitaine de frégate. J'eus l'honneur, me rendant aussi à Alger, de faire le voyage avec le général.

Le général Deligny, commandant aujourd'hui la division d'Oran, était alors lieutenant-colonel, et il résidait également à Mascara.

Après un séjour de trois semaines, pendant lequel je fis de nombreuses et intéressantes excursions dans les environs de la ville, je quittai Mascara avec grand regret. J'avais reçu, là, l'accueil le plus charmant, et dont je garderai toujours la mémoire.

Je repris la route de Saint-Denis-du-Sig, et le lendemain j'étais à Oran, après ces deux journées de fatigue dont j'ai raconté le résultat : mon sommeil de la Belle au bois dormant.

XX

Tlemcen

Quinze jours après mon retour, je pris la route d'Aïn-Témouchen me dirigeant vers Tlemcen.

Cette route très-fréquentée, sur laquelle il est établi un service de diligences, traverse Misserghin, la forêt d'Emsila qui s'étend jusqu'à la plaine des Andalouses, et la Zmala du Chou.

Tout ce pays est magnifique et d'une grande richesse de production.

Traversant les deux bras de l'Oued-el-Melh, j'entrai dans la grande plaine de Zidour, que borde à gauche, — à l'Est, — la chaîne des montagnes des plateaux du Tell.

Le soir, après avoir parcouru une route de dix-huit lieues, j'atteignis Aïn-Temouchen.

Ce village a été construit sur l'emplacement d'une colonie romaine nommée *Timici*.

D'Aïn-Temouchen à Tlemcen, le paysage se déroule avec une magnificence de végétation qui promet, à cette partie de la province, le plus riche avenir.

On suit les gorges sauvages du Djebel-Aed, puis, descendant une pente rapide, on atteint la rive de l'Oued-Isser.

Le fleuve traversé, on entre dans une plaine fertile arrosée de nombreux cours d'eau, et qu'entourent l'Oued-Isser, l'Oued-Tafna et une chaîne de montagnes à laquelle est adossée Tlemcen.

Tlemcen, située à 120 kilomètres d'Oran, à 48 kilomètres de l'embouchure de la Tafna, à 50 kilomètres de Sidi-bel-Abbès, occupe une admirable position. Elle domine tout le pays compris entre le cours inférieur de l'Isser, la Tafna et la frontière du Maroc, ce qui lui a valu le nom de *Bab-el-Gharb* (Porte du Couchant).

Tlemcen, fondée par les Magraoua et les Abd-el-Oueds, branches de la grande tribu des Zenètes, fut, pendant plus de trois cents ans, la capitale d'un vaste royaume, qui avait sous sa domination, Nedroma, Gigelli, Mers-el-Kébir, Oran, Arzew, Mazagran et Mostaganem.

Les trésors du roi de Tlemcen étaient enfouis

dans une caverne voisine des salines d'Arzew, en un lieu nommé *Djira*.

Léon l'Africain vante l'opulence des rois de ce pays, dont le palais était dans la citadelle existant encore et nommée le *Méchouar*.

Un sultan de Fez, qu'on appelait *le Noir*, vint, en 1185, attaquer Tlemcen, dont les princes d'alentour avaient si fort envie.

Le siége dura sept années, sans résultat.

Durant ces sept années, ce *sultan noir* éleva à 1,600 mètres, à l'ouest, une ville dont l'enceinte forme encore un rectangle de 900 mètres sur 700 mètres, à l'aide d'une muraille de 7 à 8 mètres de haut et de 2 mètres d'épaisseur, couronnée de créneaux et défendue par des tours carrées, distribuées de 30 en 30 mètres.

Quatre portes se correspondent sur les quatre faces.

Cette ville, que nous avons trouvée presqu'entièrement en ruines, porte le nom de *Mansourah*.

En 1515, Baba-Haroudj (Barberousse) fut appelé par Bouzian, le roi de Tlemcen, que son oncle Bouhamon avait emprisonné, pour régner à sa place.

Barberousse, qui venait de conquérir Alger, accourut avec une puissante escorte. Il délivra Bouzian, mais, voulant s'emparer du royaume de Tlemcen, il le fit pendre avec ses sept fils, à l'aide de la toile de leurs turbans, aux piliers de la galerie du Méchouar.

Tous les membres de cette malheureuse famille furent amenés et jetés, par son ordre, dans un étang, où — dit Marmol, — *il les fit noyer, prenant plaisir à leurs postures et à leurs grimaces.*

Cette exécution atroce révolta les habitants contre les Turcs.

Barberousse se renferma dans le Méchouar, tandis que le gouverneur espagnol d'Oran, Martin d'Argote, sollicité par les Maures de Tlemcen, arrivait à leur secours.

Barberousse, privé de vivres, ne put tenir dans sa forteresse et il se sauva une nuit avec ses Turcs.

Poursuivi par les Espagnols, et sur le point d'être pris, il offrit tous ses trésors pour racheter sa liberté, mais refusé, il se battit avec une rage folle, et il fut tué sur les bords du Rio-Salado.

Brouhamon, replacé sur le trône de Tlemcen, se reconnut tributaire des Castillans.

Son successeur refusa toute redevance.

A partir de ce moment, la guerre fut incessante, ayant lieu tour à tour avec les Espagnols d'Oran, les Turcs d'Alger et les Marocains. C'était à qui prendrait Tlemcen.

En 1670, le bey Hassan voulut anéantir Tlemcen, ce foyer d'insurrection, mais il ne put réussir.

Enfin, en décembre 1830, l'empereur du Maroc, jugeant à propos d'agir, s'empara brusquement de la ville.

Les *Coulouglis*, ces fils des Turcs et des Mauresques, soldats courageux, s'étaient retirés dans le Méchouar et s'y maintinrent sans pouvoir être chassés.

Les Marocains furent contraints d'évacuer la ville par Abd-el-Kader, lorsque celui-ci fut vainqueur de la coalition des tribus.

Après l'expédition de Mascara, le maréchal Clausel se porta sur Tlemcen, pour ravitailler les Coulouglis qui étaient pour nous, et qui occupaient toujours le *Méchouar*.

Il entra dans la ville le 12 janvier 1836, il nomma un bey et il préleva sur les habitants un impôt de 150,000 francs.

Le capitaine Cavaignac fut laissé dans la citadelle avec un bataillon.

Le général Bugeaud ravitailla encore ce point en 1836, et le traité de la Tafna ayant cédé Tlemcen à Abd-el-Kader, la garnison se retira du Méchouar.

L'Émir posséda quatre ans Tlemcen et il en fit sa capitale, mais le 30 janvier 1842, à la suite des évènements de la guerre renouvelée, Tlemcen fut occupé de nouveau et n'a pas cessé de nous appartenir depuis.

Tlemcen est aujourd'hui le chef-lieu de la 5ᵉ subdivision militaire de la province.

A l'époque où je me rendis à Tlemcen, cette cinquième subdivision venait d'être placée sous les ordres du général de Mac-Mahon, dont les épaulettes avaient été tout récemment étoilées.

Durant mon séjour en Afrique, j'ai eu souvent l'honneur de me trouver près de l'illustre maréchal et de prendre part à ses conversations.

Le général Pélissier, en l'absence du gouverneur général, alla prendre deux fois, cette année là, le commandement de l'Algérie par intérim, et le général de Mac-Mahon vint prendre alors le commandement de la province, à Oran.

Installé au Château-Neuf, je ne pouvais passer une journée sans avoir l'extrême plaisir de rencontrer le général dont l'ineffable amabilité est inépuisable pour tous.

Il y a deux hommes dans le maréchal de Mac-Mahon : l'homme du monde, essentiellement homme du monde, qui dans un salon oublie son grade auprès des officiers inférieurs et qui s'efface le plus qu'il peut pour laisser briller les autres. Puis l'homme de guerre, dont la biographie est brillante et se déroule rapidement.

Dernier fils du marquis de Mac-Mahon, qui, général et pair de France, était l'ami intime du roi Charles X, le maréchal se sentit, dès l'enfance, un goût prononcé pour la carrière militaire.

Entré à Saint-Cyr en 1825, il fut reçu à l'école d'État-Major en 1827, et, en 1830, il fit ses premières armes, comme lieutenant, sur cette terre d'Afrique qu'il gouverne aujourd'hui.

Capitaine en 1833, blessé au siége de Constantine par l'éclat d'un boulet qui l'atteignit en pleine poitrine, il fut nommé commandant du 10ᵉ bataillon des chasseurs à pied, le 28 octobre 1840.

Lieutenant-colonel du 2ᵉ régiment de la Légion étrangère, en 1842 ; colonel du 45ᵉ de ligne, en 1846 ; du 9ᵉ, en 1847, il fut créé général en 1848, sans avoir cessé, pendant quinze ans, de combattre en Afrique.

Plus tard, de glorieux triomphes devaient permettre au fils de la noble famille qui s'était ruinée pour ses rois, d'adjoindre, aux titres de naissance, un titre plus illustre et dû à son courage ; mais à l'époque où j'eus l'honneur de voir le général à Oran et à Tlemcem, personne, pas même ceux qui devaient en anoblir le nom, ne pensait à Malakoff ni ne rêvait à Magenta.

Le général avait alors pour aide-de-camp le capitaine d'État-Major d'Abrantès, qui était un de mes bons amis d'Afrique (1).

(1) Le colonel d'Abrantès tué pendant la campagne d'Italie.

D'Abrantès était non-seulement un officier distingué, mais il était aussi un peintre de talent, et sa passion pour la peinture entravait très-fréquemment ses fonctions d'aide de camp, ce dont était loin de se plaindre son chef.

Je ne crois pas que jamais général puisse être aussi indulgent pour son aide-de-camp que le général de Mac-Mahon l'a été pour d'Abrantès.

Intrépide et excellent cavalier, le maréchal a toujours aimé à monter des chevaux difficiles et à aller vite. En Afrique il avait des chevaux anglais pur sang d'une vitesse excessive.

De Tlemcen à Oran on compte de trente à trente-deux lieues, par un chemin qui est peut-être facile aujourd'hui, mais qui ne l'était certes pas jadis, j'en ai gardé le souvenir.

Le général partait de Tlemcen le matin et arrivait pour dîner à Oran.

Il faisait la route dans la journée avec un cheval de rechange, qui, d'ordinaire, l'attendait depuis l'avant-veille à Aïn-Temouchen.

Il fallait être aussi excellent cavalier que l'est le maréchal, pour mener de pareilles bêtes par de pareils chemins.

Si le général aimait à galoper, l'aide-de-camp aimait à contempler, de sorte qu'ils partaient bien ensemble de Tlemcen, mais si le général arrivait le soir à Oran, d'Abrantès arrivait le lendemain soir au plus tôt, et même le surlendemain, avec son album rempli de croquis.

D'Abrantès m'a souvent raconté que son général, le surprenant le pinceau à la main alors qu'il y avait quelque travail d'administration à accomplir, lui disait de continuer son œuvre d'art, faisant faire par un autre le travail de l'aide-de-camp, ou, le plus souvent, dans sa charmante indulgence, le faisant lui-même.

Quand j'arrivai à Tlemcen, d'Abrantès était venu à ma rencontre, et ce fut avec lui que je fis mon entrée dans la ville.

C'était le soir, il était tard, et la fatigue du voyage, jointe à celle de la chasse, au plaisir de laquelle je m'étais livré, sans discontinuer, d'Aïn-Temouchen à Tlemcen, ce qui avait doublé ma route comme parcours, la fatigue, dis-je, me faisait désirer le repos.

Je montai dans la chambre qu'on m'avait préparée sans jeter un regard sur les maisons qui m'entouraient. Il est juste de dire aussi, que la nuit était très-noire et que je ne voyais rien.

Le soleil, en dardant ses rayons sur mes paupières, me réveilla au point du jour et au moment où on battait la diane.

J'avais hâte de voir le panorama de Tlemcen que je ne connaissais pas.

J'ouvre ma fenêtre, je me penche sur la balustrade pour interroger l'horizon, et je demeure un moment immobile, frappé d'une sorte de stupéfaction profonde.

A deux pieds à peine au-dessous de moi, étalé au soleil sur la corniche de la fenêtre, se prélassait, dans toute sa longueur, un serpent énorme, aux écailles vertes et jaunes, à la tête dorée.

Le serpent est la bête qui, de toutes les bêtes, sans exception, m'est le plus antipathique. J'aimerais mieux me trouver nez à nez avec une panthère qu'avec un serpent.

C'est une répulsion que je ne puis vaincre.

Malheureusement, ce matin-là, je n'avais pas à choisir. Je vois le serpent lever sa tête et me regarder en tirant sa langue pointue qu'il balançait lentement.

Je me retourne vivement et j'arrache la baguette d'un fusil de munition qui était placé dans un coin de la chambre. J'allais couper le serpent en deux, quand la porte s'ouvrit et un soldat, celui que d'Abrantès avait chargé de soigner mon cheval, entra.

— N'approchez pas! — lui dis-je; — il y a là un serpent que je vais tuer.

— Un serpent! — s'écria-t-il avec surprise.

Et il s'élança vers la fenêtre.

— Mais prenez donc garde! — dis-je effrayé!

— Ah! monsieur, — reprit le soldat d'un air suppliant, — ne tuez pas le serpent!

— Et pourquoi? — demandai-je avec étonnement.

— Parce que si vous le tuez, vous ne pourrez plus dormir.

— Comment?

— Vous seriez mangé par les bêtes toute la nuit.

— Mangé par les bêtes! — répétai-je avec un étonnement plus grand encore.

— Oui, monsieur, — reprit le soldat, — il faut respecter ce pauvre serpent qui ne vous fera aucun mal. Il y en a beaucoup comme cela ici. Vous en rencontrerez dans les rues et dans les maisons. On ne les chasse pas, mais ils chassent, eux! Ils dévorent tous les insectes. Jamais ils n'ont attaqué un homme : d'abord ils n'ont pas de venin.

Et le soldat, se penchant sur la fenêtre, caressa le serpent qui fit le gros dos.

Il disait vrai. Il y a dans les environs de Tlemcen une quantité de ces serpents qui ne se nourrissent que d'insectes nuisibles, qu'ils attrapent en laissant pendre, immobile, leur longue langue gluante. Quand les insectes sont collés dessus, le serpent avale, en faisant rentrer rapidement sa langue qui lui sert d'appât.

Rassuré, à cet égard, sans être plus satisfait, car, je le répète, je ne puis pas voir les serpents sans ressentir un dégoût profond, je fermai ma fenêtre au moment où d'Abrantès venait me chercher pour faire une promenade à cheval.

Nous visitâmes la ville ensemble.

Tlemcen est mal percée, les rues sont étroites et sinueuses, les maisons mauresques très-basses et toutes surmontées d'une terrasse.

L'enceinte de la ville n'a plus maintenant le tiers du développement qu'elle avait jadis.

Autrefois, plusieurs murailles isolaient les différents quartiers, qui étaient au nombre de quatre et qui ont été réunis.

Le mur d'enceinte est percé de neuf portes.

Au sud de la ville se dresse le *Méchouar*, la fameuse citadelle de forme rectangulaire, qui occupe une superficie de 500 mètres sur 300.

Cette forteresse renferme dans ses remparts une centaine de petites maisons, au milieu desquelles se dresse une mosquée qui atteste l'ancienne splendeur des *Rois du Gharb* — (rois d'Occident).

Les frontières du Maroc ne sont qu'à quelques heures de Tlemcen, ce qui lui donne une importance plus grande, ainsi que je l'ai dit.

A l'Est de la ville est un bois magnifique, dont la délicieuse situation l'a fait baptiser du titre de *Bois de Boulogne.*

A l'Ouest et au Nord s'étend une forêt splendide d'oliviers séculaires, si épaisse et si serrée qu'on a de la peine à la traverser.

Elle occupe un espace de près de 20 kilomètres.

Tous les environs de Tlemcen sont arrosés par des cours d'eau qui entretiennent une fraîcheur bienfaisante pendant l'époque de la chaleur.

L'industrie indigène a établi là plusieurs fabriques d'armes, d'ouvrages de fer, de maroquins, de tapis, et d'étoffes de laine.

L'industrie européenne a créé des moulins à huile, des moulins à farine et une pépinière.

De magnifiques routes relient Tlemcen à Sidi-bel-Abbès, à Zebdou, à Nemours et à Lalla-Marnia.

Dans le voisinage de Tlemcen, il y a une petite localité arabe dont la résidence est formellement interdite aux Européens.

Ce village, situé sur le chemin de l'aqueduc qui conduit à de magnifiques cascades, porte le nom du Saint Marabout *Sidi-Bou-Médine*, dont le tombeau est renfermé dans une belle mosquée qui a acquis une grande célébrité parmi les fanatiques indigènes.

On visite aussi, dans les environs de Tlemcen, le village de Mansourah et les colonies de Bréa, Négrier et les villages de Seysaf et de Hanaya.

Je me plaisais beaucoup à Tlemcen, qui est bien la plus charmante ville de la province, et il ne fallut rien moins que la nécessité du prochain départ du *Lavoisier* pour Gibraltar, pour que je reprisse la route d'Oran.

J'avais promis à mes amis de la corvette, en station à Mers-el-Kebir, de faire avec eux la promenade de Tanger, et je voulais tenir parole.

D'Abrantès m'accompagna jusqu'à Aïn-Temouchen, et je dis adieu à cette charmante ville dans laquelle je regrette de n'être jamais retourné en dépit des serpents avec lesquels j'avais fini par me familiariser.

Il me faudrait maintenant écrire des volumes pour raconter toute la suite de ce voyage qui, après m'avoir fait parcourir trois fois les côtes d'Afrique et d'Espagne, de Mers-el-Kebir à Tanger et à Cadix, me conduisit à Alger, à Tunis et plus loin encore.

Peut-être donnerai-je un jour les détails de cette excursion qui occupa deux années de ma vie; mais, en rappelant mes souvenirs de ma promenade en Afrique, je n'ai voulu parler que de la province d'Oran et de sa Table-Ronde.

Je m'arrête donc ici, au moment où je vais quitter mes amis de la Popote, mais avant de vous dire au revoir, cher lecteur, je veux placer à la fin de ce volume, comme renseignements intéressants, — je l'espère, — toutes les observations que j'ai été à même de faire sur les mœurs, les coutumes, les habitudes de ces peuples divers, qui forment la population indigène de ce pays devenu pour jamais province française.

Cette population indigène actuelle se divise en sept classes bien distinctes :

Les Kabyles,
Les Arabes,
Les Maures,
Les Juifs,
Les Turcs,
Les Renégats,
Les Nègres.

I

Les Kabyles

L'Algérie, ainsi que le prouvent les recensements faits à différentes époques, est loin d'être peuplée en proportion de son étendue. Elle compte au plus 7 habitants par 67 kilomètres carrés, tandis que la France, pour la même étendue, compte 65 habitants.

Elle est donc huit ou neuf fois moins peuplée que la France et seize fois moins que la Belgique.

Cette population se compose d'éléments très-divers. Il y a de tout là : des Berbères, des Arabes, des Turcs, des Nègres, des Maures, des Juifs, des Européens de tous les pays de l'Europe.

Les *Berbères* sont évidemment les peuples primitifs du nord de l'Afrique. Appelés *Kabyles* dans les montagnes du Tell, *Chaouïas* dans celles de l'Aurès, *Souafas M'zabites* dans les Oasis, *Touâregs* dans le désert, ils se sont répandus, tout d'abord, des bords de la Méditerranée au pays des Noirs.

Les *Kabyles* — qu'il faut nommer ainsi puisque c'est le nom sous lequel nous les connaissons le plus — sont issus, au dire des chroniqueurs, d'une tribu de *Sabéens* qui vint s'établir en Barbarie sous la conduite du roi *Meleck-Afriki*.

Cantonnés dans ce terrain immense qui a pour limites : au nord, les montagnes du littoral, et au sud, les Oasis des Beni-Mzab, dans le Sahara ; les Kabyles résistèrent victorieusement aux Carthaginois.

Mais, cela est évident, puisque les preuves matérielles ne font pas faute ; la formidable domination romaine s'étendit sur les Kabyles.

Ils furent domptés : les ruines des villes romaines en témoignent aujourd'hui, et les remparts de Zaatcha sur lesquels le maréchal Canrobert, alors colonel d'un régiment de zouaves, planta victorieusement le drapeau de la France, avaient toute leur force dans une muraille construite en pisé romain dans laquelle le boulet entrait sans faire brèche.

Or cette construction romaine s'élevait à près de cent lieues de la côte.

Donc les Kabyles furent domptés par les Romains ; mais si la puissance romaine les contint, elle ne put les transformer.

Les Kabyles restèrent Kabyles, et lorsque les *Vandales* vinrent fondre sur l'Afrique, ils se levèrent et s'allièrent à eux pour anéantir la colonisation romaine.

Les Vandales, après une domination éphémère de soixante-dix ans, ne laissèrent d'autres traces de leur passage, dans ces fertiles contrées, que des ruines.

Ils disparurent comme nation, et sans doute ils se fondirent dans les anciennes familles du pays.

Cette hypothèse justifierait, du moins, les signes du type germanique que l'on rencontre encore chez quelques individus des tribus Kabyles.

Les Vandales disparus, les Kabyles ne furent pas longtemps sans être encore troublés dans leur tranquillité naissante.

Vers l'année 670 de l'ère chrétienne, les *Arabes*, sous la conduite d'Okba-ben-Nafe, lieutenant du grand Kalife Othman, envahirent la haute Egypte et successivement les contrées qui furent plus tard les régences de Tripoli et de Tunis.

Puis ils suivirent le littoral jusqu'à l'Océan.

On se battit d'abord, mais l'islamisme fut prêché, et les Kabyles adoptèrent promptement cette religion qui, depuis cette époque, est la leur.

Toute difficulté cessa aussitôt entre les Kabyles et les Arabes, mais les deux races ne se confondirent pas.

Retirés dans leurs montagnes, conservant leur idiôme sans parler purement l'arabe, les Kabyles se sont fait gloire, durant de longs siècles, de ne s'être jamais soumis à aucun des conquérants de l'Afrique. Ils sont restés libres sous la domination turque et sous la domination espagnole, et il a fallu la France pour faire ce qu'avait fait Rome.

Comme type, il y a aussi une grande différence entre les Arabes et les Kabyles.

Les Kabyles ont le teint clair, souvent d'un brun très-rouge, la tête ronde, le nez large ressemblant un peu à celui des Nègres, la taille très-haute, svelte et le corps sec et musculeux.

Ils marchent plutôt à pied qu'ils ne montent à cheval et ils font plutôt la guerre en s'embusquant dans les gorges des montagnes qu'en attaquant dans la plaine.

Leurs institutions politiques ne diffèrent pas moins non plus de celles des Arabes.

Ceux-ci ont une organisation essentiellement féodale et les Kabyles, au contraire, ont des institutions basées sur le principe de l'égalité : l'élection est pour eux la loi souveraine.

Chaque village de la Kabylie a un *Djemnââ*, espèce de conseil municipal qui administre la commune.

Un chef, nommé par ce conseil, reçoit le titre d'*Amin* et est investi du pouvoir exécutif pendant trois mois au moins, un an au plus, et il reçoit un traitement fixe.

L'*Amin* consulte la *Djemnââ*, même pour les plus petites affaires, et il prend en outre l'avis du *Marabout*, cet homme lettré qui remplit à la fois les fonctions de prêtre et d'instituteur.

Une destitution immédiate est le résultat d'une mauvaise administration.

La charité est une loi et un culte pour les Kabyles. C'est en obéissant au sentiment de la charité qu'ils ont institué les *Zaouias*.

Les *Zaouias* sont des établissements religieux ayant trois buts principaux : la prière, la bienfaisance, l'instruction.

L'édifice religieux est couronné ordinairement d'un petit dôme, *Kouba*, c'est là qu'habite le Marabout.

Lorsque les habitants ont entre eux quelques dissentiments, ils se rendent à la *Zaouia* et ils défèrent serment devant le Marabout qui est arbitre pour tous.

Dans les autres bâtiments de la *Zaouia*, il y a celui réservé à l'école pour les jeunes gens. Les familles pauvres ne payent pas; les familles riches payent 6 douros pour tout le séjour et font des cadeaux magnifiques à la *Zaouia*.

Quand l'enfant sort des écoles il sait lire, écrire et il connaît à fond le *Koran*. D'autres font des études plus supérieures.

Les *Zaouias* reçoivent une partie de la dîme dévolue aux Mosquées et, en outre, les habitants du voisinage se font honneur de tenir continuellement leur *Zaouia* pourvue de toutes sortes de provisions. Ils y apportent journellement de l'huile, du miel, des fruits, des poules, des moutons.

Les pèlerins, qui viennent implorer la miséricorde de Dieu, font de très-riches présents.

Tout voyageur, quel qu'il soit, bien vêtu ou en haillons, de quelque pays qu'il vienne, à quelque religion qu'il appartienne, peut frapper à la porte de la *Zaouia*. Il y est toujours reçu avec plaisir et — touchante similitude avec les usages établis par nos couvents de la Trappe — pendant trois jours, il y reçoit pleine hospitalité.

Les gens de la *Zaouia* ne peuvent prendre leurs repas qu'après s'être assurés que les besoins de leurs hôtes sont satisfaits.

L'hospitalité de la *Zaouia* s'étend même jusqu'aux animaux. Les chiens, les chevaux, les chameaux, les ânes, les bœufs, les vaches, les moutons égarés sont accueillis, installés et nourris jusqu'à ce que leurs maîtres viennent les réclamer.

Dans la *Kabylie* aussi, comme dans les Oasis du Sahara, jamais un pauvre ne peut mourir de faim. Tous l'assistent, et par cette raison que l'assistance des malheureux est considérée comme une vertu du ciel, l'indigence ne saurait être un fléau.

Dans ce pays, le vagabondage n'est pas un délit et cependant la paresse est loin d'être encouragée, car le peuple kabyle est aussi remarquable par ses habitudes sédentaires et son activité au travail que le peuple arabe est blâmable, lui, par ses habitudes nomades et son manque absolu d'intelligence productive.

Dans les moments de repos que leur laissent les occupations de la culture, les Kabyles coupent le bois, font du charbon, confectionnent des nattes, des tapis, des chapeaux de paille, des haïks, des burnous, des tissus de laine, des toiles et une quantité d'objets de cuir : des ceintures, des bottes, des chaussures et tout ce qui concerne le harnachement du cheval.

Les uns exploitent des minerais de fer et donnent à ce métal différentes formes.

Les autres font des instruments aratoires.

Les *Zouâ-Zouâ* et les *Beni-Abbès* s'adonnent à la fabrication des canons de fusil et des platines. Les *Fliça* font des sabres auxquels ils ont donné leur nom et les *Beni-Halla*, travaillant le bois de noyer, exécutent les bois de fusil.

Il y a aussi des fabriques de poudre en Kabylie.

Quelques autres tribus fabriquent de la poterie, du savon et du sel.

Presque tous font des moulins et des pressoirs à huile.

A des époques déterminées de l'année, les Arabes du désert viennent échanger leurs laines, leurs autruches, leurs dattes, contre des grains, de la poudre, du plomb et d'autres objets nécessaires pour la vie nomade.

Quand on rencontre des Kabyles dans un autre pays que le leur, ce sont des voyageurs allant au marché vendre leurs produits.

Il est facile de les reconnaître à leur type empreint d'une sorte de sauvagerie, qui augmente d'expression à mesure que les Kabyles ont quitté leur sol natal.

L'habillement adopté par les Kabyles est des plus simples et il n'a jamais changé.

Une tunique à manches courtes et le haïk, large pièce de laine blanche dont ils se drapent à la manière des anciens, le composent, avec une petite calotte blanche en feutre posée sur la tête.

Quand il fait froid, ils mettent le burnous noir, mais quand il fait froid seulement.

Le costume des femmes diffère fort peu de celui des hommes : la tunique est seulement plus large et plus longue.

Les enfants, comme ceux des Arabes et des Turcs, restent nus, les garçons jnsqu'à cinq ans, les filles jusqu'à trois ans seulement.

Le respect de la famille est pour les Kabyles le principe de toutes choses. Jamais un père, une mère, un enfant ne sont abandonnés.

La population de la Kabylie atteint à peu près le chiffre de 700,000 habitants.

II

Les Arabes

Les *Arabes*, venus d'Asie, ont conservé leur physionomie mâle, leurs yeux vifs, leur nez aquilin, leur visage allongé et leur teint presqu'olivâtre.

Ils sont d'une taille moyenne, et bien pris dans leur ensemble.

Fort peu d'entr'eux s'adonnent par nécessité à la culture de la terre, et beaucoup moins encore occupent des demeures fixes.

Presque tous vivent sous la tente, et errent avec le troupeau.

Fainéant au point de ne se livrer à aucun travail actif, l'Arabe, en temps de paix, — ce qui est rare pour lui, car il a toujours quelque ennemi à combattre — l'Arabe passe ses journées entières à fumer à l'ombre d'un buisson.

Une extrême sobriété, due sans doute à l'extrême paresse, un mélange difficile à qualifier de ruse et de cordialité, un désir de tromper et de se jouer de son ennemi, un besoin impérieux de liberté et d'indépendance, et une hospitalité généreuse qui ne se dément jamais, dans aucune circonstance, sont les traits principaux qui distinguent la vie intime de l'enfant du désert.

Ce qu'un Arabe aime le plus au monde, avant ses enfants, sa femme, ses troupeaux, le seul être dont il ne saurait absolument se passer : c'est son cheval, car sans lui il ne saurait ni se battre, ni fuir, ni surtout se venger, et la vengeance est la passion la plus incarnée dans le cœur arabe.

— *Il y a du sang entre nous!*

Cette phrase se dit souvent, et elle est cruellement significative, car elle indique un assassinat commis et un assassinat à commettre.

Le premier principe de la loi arabe, c'est la *peine du Talion* : Sang pour sang ! On croit établir ainsi la sûreté commune.

Quand un homme a été tué, il doit être vengé, et ce droit de vengeance est dévolu au plus proche parent de la victime.

L'honneur du vengeur est engagé au point que s'il hésite, il est ou massacré par les siens ou chassé de la tribu et voué à une honte éternelle.

Son triomphe ou sa mort fait éclater de nouvelles haines, et ces haines se transmettent en héritage de père en fils.

Cependant la loi admet un moyen d'arrangement : on peut s'accorder en sacrifiant le coupable ou en payant la *dia*.

Payer la dia, c'est racheter le sang par un prix convenu en argent ou en bétail.

Sans cette satisfaction, il n'y a ni paix, ni trêve, ni alliance possible entre deux familles, et souvent entre deux tribus, car les amis prennent le parti de leurs amis.

L'intelligente institution des *Bureaux arabes* dans nos colonies algériennes, a heureusement étouffé ces haines léguées de père en fils. La justice, promptement exécutive en punissant le coupable, s'oppose à l'effusion du sang entre les familles.

Chaque tribu a son *Douar*.

Le *Douar* est un camp irrégulièrement formé non de tentes, mais de huttes construites avec des branches d'arbres et de la boue gâchée et appliquée avec la main.

Ces huttes se nomment des *Gourbis*, elles ont une hauteur de 1 m. 50 cent. au plus, et une largeur de 2 à 3 mètres sur 2 mètres de profondeur.

Le *Gourbi* remplit à la fois les fonctions de salle

de réception, de salle à manger, de chambre à coucher, de cuisine et de poulailler.

Le *Merah*, espace vide réservé au centre du *Douar*, sert à parquer les chevaux.

Jamais il n'y a de retranchement : les chiens servent de garde avancée et de patrouille ; aussi rien n'est-il plus facile à surprendre que ces camps.

La femme arabe habite le *Gourbi* avec son mari.

Souvent, assise devant la porte de la hutte, enveloppée dans son *haïk* de laine blanche, qui ne ressemble nullement à celui des Mauresques, un chapelet d'ambre ou de corail au cou, des boucles-d'oreille et des bracelets de corne aux poignets et aux chevilles, la femme roule dans ses mains le *Couscoussou* traditionnel ou fabrique les *Messemmen*, ces pâtes feuilletées dont les Arabes sont si friands.

Les enfants nus jouent autour d'elle, et le mari, fumant gravement sa pipe, accroupi sur le tapis posé à terre, demeure immobile sans dire un mot, sans même regarder sa femme ni ses enfants.

Le soir, les jeunes gens se réunissent, s'asseyant sur une natte, rangés en cercle avec un petit feu au milieu d'eux pour allumer les pipes. Les jambes croisées, ils demeurent silencieux attendant que le *thaleb* prenne la parole.

Et tout à coup, à l'improviste, le conteur commence par cet invariable début :

— Il y avait au temps passé...

Puis il dépeint la jeune fille, dont le jeune *Scheïk* est éperdûment amoureux.

Il parle de ses splendides yeux noirs, grands et doux *comme ceux d'une gazelle*, de son regard mélancolique, de ses sourcils courbés comme deux arcs d'ébène, de sa taille droite et souple comme une *lance*.

Il n'omet pas sa démarche légère comme celle d'une *jeune pouliche*, ni ses paupières noircies de *kéhol*, ni ses lèvres peintes en bleu, ni ses ongles teints de *henné* couleur d'or.

Et il décrit ensuite le jeune homme qui, consumé par l'amour, *n'a plus qu'un corps qui ne donne plus d'ombre.*

Après de nombreuses péripéties, tout finit bien.

Ce récit est toujours invariablement le même, et l'intérêt qu'il provoque ne tarit pas.

Un *Douar* a pour chef un *Scheïk*, qui a, au-dessus de lui, le *Caïd* qui commande la tribu.

Le gouvernement, accepté par les Arabes, est essentiellement aristocratique et despotique.

Aristocratique, parce qu'il y a une noblesse, celle des *Grandes Tentes*, issue des familles des Caïd et des Scheiks, qui jouit de toutes les prérogatives que donne la supériorité acceptée et qui domine ceux des *Basses Tentes*, le peuple.

Despotique, parce que le Caïd, le chef, a un pouvoir indéfini et absolu. Il a droit de vie ou de mort, et il peut faire ou arrêter la guerre.

Cette vie nomade — ainsi que je l'ai dit — n'enrichit pas précisément les Arabes ; mais s'ils vivent misérablement et sobrement, ils ne manquent pas de générosité et, suivant l'exemple des Kabyles, ils remplissent religieusement les devoirs de l'hospitalité.

C'est toujours le chef de la tribu ou celui du Douar qui doit recevoir les voyageurs et les visiteurs.

A côté du *gourbi* du Scheïk, il y a deux ou trois gourbis isolés, détachés du groupe, et que l'on nomme les *Guïatin el Dïaf*, tentes des hôtes.

Jour et nuit, des serviteurs sont là pour l'unique service des étrangers dont les domestiques et les bêtes de somme sont largement hébergés par un les riches de la tribu.

Quand, épuisé par une journée de fatigue, le voyageur, musulman ou chrétien, aperçoit à l'horizon, se détachant en points noirs, des tentes dressées près d'un oasis, il sent un soupir joyeux s'échapper de sa poitrine, et le cheval presse le pas, car, lui aussi, il voit et il devine.

A mesure qu'il approche, il entend les aboiements des chiens, les cris des enfants nus qui gambadent. Le *Douar* s'est animé, car on a vu le voyageur, et on l'attend.

A portée de la voix, le cavalier s'arrête et il crie :

— *Y a moula el Kreïma, haou dif Rebbi!*

Ce qui signifie : « O maître de la tente ! un invité de Dieu ! »

On lui répond :

— *Marhaba Bik!* — (Sois le bien venu !)

Et les hommes s'empressent autour de lui, et on lui tient l'étrier pour lui faire honneur.

La tente qui lui est offerte est ouverte ; il y entre et, sans lui demander ni qui il est, ni quel est son nom, ni d'où il vient, ni où il va, on lui donne des dattes, des fruits secs et du lait en attendant l'heure du *tâam* — (repas du soir).

Le voyageur est-il un homme d'importance, le *Caïd* ou le *Scheïk* réclament l'honneur de l'héberger et de le recevoir.

Quand un *Douar* n'a pas de *guïalin el dïaf*, on laisse arriver le voyageur, et c'est à qui lui offrira sa tente.

Dans ce cas, la venue de l'étranger est, pour le pauvre, un jour de fête, car on fait pour lui ce qu'on fait les grands jours d'invitation : il prend part aux restes du festin offert au voyageur ou aux invités.

J'ai été souvent témoin de ces générosités pastorales, et il en est même une dont le souvenir est restée gravée dans ma mémoire, car la générosité de notre hôte, cette fois, a pris des proportions gigantesques.

C'était chez Sidi Laribi, le kalifa du Cheurg, dans sa magnifique demeure de Bel-Hacel, près de la plaine de la Mina.

Il nous avait reçus avec cette somptuosité orientale, et cette dignité magnifique qui sont les qualités des grands chefs.

Durant les quelques jours que nous passâmes chez lui, il laissa table ouverte tout autour de son habitation pour tous ceux qui voulaient venir s'héberger. Et Dieu sait si le nombre des mangeurs fut grand ! Ils ne décessaient pas d'arriver du lever au coucher du soleil, heures réglementaires.

Mais parmi ces honneurs rendus par les grands chefs arabes aux chefs de nos armées, il en est qui, évidemment, datent des Croisades, car ils ont dû être empruntés par les Sarrasins à la noblesse française.

Je veux parler du service de table qui était fait, au moyen-âge, d'après les lois de la chevalerie, au roi, aux princes du sang et aux chevaliers, par des gentilshommes, des écuyers et des pages de grandes maisons.

Eh bien ! un chef arabe préside en grand costume de guerre au repas offert : les serviteurs apportent les mets jusqu'au seuil de la porte, et les fils du chef, aussi en costume de guerre, prennent ces plats des mains des serviteurs et les placent devant les invités.

N'est-ce pas la même manière de procéder?

Au reste, l'hospitalité chez les Arabes est un principe de religion, car le prophète a dit :

« A celui qui sera *généreux*, Dieu donnera *vingt grâces* :

« La sagesse,
« Une parole sûre,
« La crainte de Dieu,
« Un cœur toujours fleuri,
« Il ne haïra personne,
« Il n'aura pas d'orgueil,
« Il ne sera pas jaloux,
« La tristesse s'éloignera de lui,
« Il recevra bien tout le monde,
« Il sera chéri de tous,
« Il sera considéré, fût-il *mince* d'origine,
« Ses biens seront augmentés,
« Sa vie sera bénie,
« Il sera patient,
« Il sera discret,
« Il sera toujours content,
« Il fera peu de cas des biens de ce monde,
« S'il trébuche, Dieu le soutiendra,
« Ses péchés lui seront pardonnés,

« Enfin, Dieu le préservera du mal qui peut tomber du ciel ou sortir de la terre.

« Soyez donc généreux envers votre hôte, car il vient chez vous avec son bien : en entrant il vous apporte une bénédiction, en sortant il emporte vos péchés.

« Ne vous laissez point aller à l'avarice!

« L'avarice est un arbre que le *belise* (démon) a planté dans l'enfer, et dont les branches sont étendues sur la terre. Qui veut y cueillir des fruits est enlacé par elles et attiré dans le feu.

« La générosité, au contraire, est un arbre planté dans le ciel par Dieu, le maître du monde; ses branches atteignent la terre et celui qui traite bien ses hôtes, se réjouit d'eux et leur fait bon visage, montera par elles au paradis!

« Dieu ne fera jamais de mal à la main qui a donné! »

Et cependant, à de rares exceptions près, l'Arabe n'est pas riche et le chef de la tribu n'a souvent que ses troupeaux et le produit de ses champs pour se montrer hospitalier.

Un cheval, une chèvre, trois moutons, des poules, quelques tapis, un fusil à pierre, une pipe, une natte, quelques vêtements pour la femme, des boucles d'oreille en verre, des bracelets de corne ou d'argent, un collier de corail et les ustensiles nécessaires pour la cuisine : voilà en quoi consiste la fortune d'une famille aisée.

S'il y a un peu plus : un chameau surtout, le **ménage est riche!**

Mais ce que le pauvre désire avant tout, c'est un cheval.

Très-religieux et suivant rigoureusement les lois du Prophète, l'Arabe jeûne souvent et il est d'une sobriété extrême. Sa boisson consiste en lait, eau et café.

A propos de cette hospitalité généreuse exercée si loyalement par le peuple arabe en dépit de sa pauvreté, je me rappelle un fait touchant que j'ai entendu raconter, dont M. le général Daumas a été témoin et qu'il a consigné dans un de ses remarquables ouvrages sur l'Afrique.

Le général avait passé quelques jours, avec ses officiers, dans la demeure d'un riche arabe qui se nommait Bou-Backeur.

« Après la prière de Fejir, dit le général, quand nous songeâmes à quitter Bou-Backeur, il s'adressa à nous :

« — Mes amis, j'ai fait, selon la loi, tous mes
« efforts pour que vous fussiez chez moi avec le
« bien : tous les égards qu'un hôte doit avoir pour
« ses hôtes, avec l'aide de Dieu, je crois les avoir
« eus pour vous, et maintenant je viens vous de-
« mander à tous un témoignage d'affection !

« Quand, hier soir, je vous ai dit : mon fils dort
« d'un profond sommeil, il venait de mourir dans
« les bras de sa mère !

« Dieu l'a voulu ! Qu'il lui donne le repos !

« Pour ne pas troubler votre festin et votre joie,
« j'ai fait taire ma douleur et j'ai fait taire ma
« femme! Ses pleurs ne sont pas venus jusqu'à
« vous, mais veuillez ce matin, mes amis, avant
« de partir, assister à l'enterrement de mon fils et
« joindre vos prières aux miennes! »

« Cette nouvelle inattendue et cette force de caractère, ajoute M. le général Daumas, nous anéantirent, et nous allâmes enterrer ce pauvre enfant! »

La population arabe dépasse, dans nos trois provinces, le chiffre de 120,000.

III

Les Maures et les Mauresques

Les Maures, ces fils des Numides, les anciens habitants de la Mauritanie, forment, avec les Arabes et les Kabyles, la plus grande partie de la population des États algériens.

Mélangés successivement avec les Phéniciens, les Romains, les Grecs, les Berbères, les Arabes et les Turcs, les Maures, offrent une foule de variétés dans leur type.

Cependant, il existe des classes dans lesquelles on retrouve nettement les caractères exacts de la race primitive. Il y a encore des familles qui n'ont jamais contracté d'alliance avec les étrangers.

Les Maures ne résident que dans les villes et surtout dans les villes du littoral. Quelques-uns, et ceux-là sont rares, habitent dans des bourgades rapprochées des villes, mais alors c'est qu'ils dirigent quelque grande fabrication.

Les Maures sont à peu près tous commerçants. Ils achètent et ils vendent les marchandises de luxe.

Les riches étoffes de soie et de velours brodées et bordées d'or et d'argent sont leur spécialité avec les bijoux, les armes et les pipes.

Aussi, les affaires prospérant, les Maures ont-ils formé, avec les Juifs, la population la plus riche de l'Algérie. Seulement, les Maures étalent leur richesse avec ostentation, et les Juifs la cachent avec précaution.

Les Maures sont l'opposé des Arabes et rien ne se ressemble entre eux.

Les Maures ont la peau un peu basanée, mais beaucoup plus blanche que celle des Arabes. Ils ont les cheveux noirs, le nez court et tous les traits de la physionomie beaucoup moins accusés. Le visage est plein, de forme arrondie et très-épanoui.

Les Arabes sont de taille moyenne et généralement très-maigres : les Maures, au contraire, sont de haute taille et presque toujours très-gras.

La graisse est, pour eux, un charme et une qualité de beauté.

Les femmes et les jeunes filles n'ont qu'un désir : engraisser.

On emploie tous les moyens pour cela : aussi les Mauresques, si belles et si charmantes dans leur extrême jeunesse, deviennent-elles absolument déformées quand elles ont atteint vingt-cinq ans.

Le costume des Maures diffère à peine de celui des Turcs : c'est la même coupe et les mêmes nuances.

Les Maures ont une qualité qui leur est particulière : ce sont les seuls, parmi les musulmans d'Afrique, qui aiment les arts et qui s'en occupent.

Ce qu'ils entendent le mieux cependant, c'est l'architecture.

On trouve souvent dans leurs maisons ces constructions élégantes et ces richesses d'ornements de bon goût dont ils ont laissé tant de traces en Espagne.

Les maisons mauresques ont de hautes murailles, sans fenêtres extérieures, mais percées de deux ou trois petites fentes placées comme des meurtrières et par lesquelles le regard curieux peut glisser de l'intérieur sur la rue.

De grandes portes, aux entourages à demi-ovales, donnent accès dans des cours pavées de marbre, avec un jet d'eau et un grand bassin garni de jasmins au centre, et entourées d'une colonnade élégante, surmontée d'une terrasse, sur laquelle s'ouvrent les portes des chambres spacieuses.

Une *Umbrella*, magnifique toile aux mille couleurs, est tendue au-dessus de la cour et l'abrite contre les atteintes du soleil.

La cour est toujours carrée, et sur chacun de ses côtés, au rez-de-chaussée, il y a une grande galerie intérieure qui en occupe toute la longueur, galerie très-élégante, tapissée d'émail et de sculptures et remplie de coussins soyeux entassés sur les tapis moëlleux.

A l'entrée de chaque maison, on trouve d'abord un porche avec des bancs des deux côtés : c'est là où le chef de la famille reçoit ceux qui ont à lui parler et où il expédie ses affaires.

Dans les riches maisons, les chambres, depuis le plancher jusqu'à la moitié de leur hauteur, sont garnies de petits carreaux vernis de toutes nuances et représentant des sujets animés.

Le plafond est boisé et peint avec beaucoup d'art : les planchers sont en carreaux de faïence ou simplement en briques, mais toujours recouverts de nattes ou de tapis.

Les escaliers, les cuisines et les communs se trouvent dans la partie comprise entre le porche et la cour, mais jamais dans l'intérieur de la maison.

Les toits des habitations sont plats, formant terrasse et bordés d'un mur à hauteur d'appui.

C'est sur ce toit-terrasse que, le soir, les femmes

vont prendre le frais, se faisant des visites d'un toit à l'autre.

Elles s'étalent là sur des coussins, fumant et causant et ayant pour perspective tout le panorama de la ville.

A Alger surtout, la vue est magnifique du haut de ces terrasses.

Pendant le jour, les Mauresques, quand elles ne sortent pas, se tiennent dans la cour ou dans les galeries.

Presque toutes sont fort belles, d'une beauté pleine de séductions matérielles, et elles aiment à étaler franchement et coquettement leur beauté. Aussi, dans sa maison, une Mauresque est-elle à peine vêtue.

Les cheveux, relevés sur le front, sont tressés en une seule natte, faite avec un large ruban dont les extrémités tombent jusqu'au talon.

Un foulard, tout bariolé de nuances vives entremêlées d'or et d'argent, est attaché gracieusement derrière la tête, entourant les cheveux réunis en touffe.

Une chemise de gaze, aussi courte qu'une camisole, à manches fendues sur l'épaule et pendantes, largement ouverte sur la poitrine, permet d'admirer toute la gracieuse beauté des formes qu'elle voile à peine.

Un caleçon de soie, brodé d'or ou d'argent ou à

raies de couleurs vives, entoure les hanches et descend, en bouffant, au-dessous des genoux qu'il recouvre.

Les jambes et les pieds sont nus.

Souvent les poignets et les chevilles sont entourés de bracelets et de cercles d'or. Les doigts des pieds sont aussi garnis de bagues.

D'ordinaire, un morceau d'étoffe de soie rayée et de forme carrée est attaché au-dessus des hanches, noué par devant et formant un jupon court, plat, collant et ouvert.

C'est dans cet attrayant et provoquant négligé que les Mauresques se balancent dans les hamacs de plumes, près du bassin de la cour, s'étalent sur les coussins soyeux entassés sur les tapis des chambres et se promènent sur la terrasse dominant l'habitation.

Leur costume paré est très-riche et très-élégant.

La chevelure, toujours relevée à la chinoise et tressée en une natte, est surchargée de diamants, de rubis, d'émeraudes et de petites piastres percées et attachées avec des fils d'or.

Un éblouissant foulard est noué au-dessus de la nuque.

Les oreilles sont garnies de boucles énormes et le cou est entouré de multiples colliers.

La chemise est de gaze blanche rayée d'une

bande mate et d'une bande claire, et l'extrémité des manches est attachée avec des bracelets. Une veste de velours, constellée de broderies d'or et à manches retombantes, forme le corsage.

Un pantalon très-large, de même étoffe, de même nuance et avec les mêmes ornements que la veste, descend jusqu'à mi-jambe, retenu par un cercle d'or.

Une riche ceinture entoure la taille et, au second tour, tombe en biais en se nouant sur la hanche.

Un grand châle de cachemire, attaché sur les hanches entoure le bas du corps et traîne comme une jupe longue.

Les pieds sont nus, et à demi enfouis dans des mules de velours surchargées d'or et de pierreries.

Les Mauresques se couvrent les joues de rouge, sur lequel elles parsèment des mouches comme les grandes dames de la cour de Louis XV.

Elles se peignent les sourcils, elles les joignent au moyen d'une ligne noire qu'elles décorent, à la naissance du nez, d'une étoile qu'elles font soit avec de la peinture, soit avec des paillettes d'or.

A l'aide d'une autre préparation, les Mauresques s'imprègnent les ongles et le bout des doigts de pied, d'une teinte jaune orangée.

Ainsi ornées, parées, elles se couchent nonchalamment sur les piles de coussins soyeux avec un miroir passant d'une main à l'autre, pour mieux goûter le charme de se regarder.

La Mauresque, privée du regard des hommes, est coquette pour elle-même, et, ne pouvant être admirée autant qu'elle le veut, elle s'admire avec adoration.

Une négresse lui apporte le narghilé parfumé : elle fume et elle rêve en continuant à jouer du miroir.

Quand une Mauresque sort, elle se revêt d'un large pantalon de toile ou de calicot blanc qui vient s'attacher, en fronçant, au-dessus de la cheville, sur le bas blanc qui couvre le pied chaussé d'une babouche jaune.

Sur ses vêtements, elle jette un long voile de gaze de laine blanche, un *haïk* qui l'enveloppe toute entière, en laissant voir, dans une demi-teinte, la richesse du costume.

Un mouchoir blanc, de mousseline, plié en pointe, est appliqué dans sa largeur sur le milieu du nez, au dessous des yeux, s'attachant derrière la tête et la pointe retombant plus bas que le menton.

Le *haïk*, posé en ligne droite par dessus la tête, sur le front, à la hauteur des sourcils, avec un pli à angle droit de chaque côté de l'œil, achève de cacher le visage.

Ainsi on ne voit exactement que les yeux enca

drés par le mouchoir et le *haïk*. Le blanc de la mousseline et de la gaze fait paraître la prunelle plus noire encore et il donne au regard un éclat mystérieux aux effluves provoquantes.

Les Mauresques, coquettes et jolies, et presque toutes sont ainsi, ont soin de n'employer pour le mouchoir que des gazes très-claires et très-fines, qui abritent le bas du visage contre les atteintes du soleil, sans le voiler absolument aux regards.

Rien n'est plus séduisant ni plus gracieux que de voir se glisser dans ces rues assombries par le rapprochement protecteur des maisons, ces jeunes femmes vêtues de blanc des pieds à la tête, les mains enfouies dans les plis du *haïk* et dont on ne voit briller que la flamme des deux yeux.

Dans la province d'Oran, les femmes plient le *haïk* au milieu du visage et elles ne laissent qu'un œil, l'œil gauche, à découvert.

Les femmes turques s'enveloppent aussi le visage comme les Mauresques, mais elles poussent plus loin encore la coquetterie.

Elles évitent le mouchoir : elles se voilent entièrement avec le *haïk* de gaze.

A Constantinople, elles demeurent hermétiquement cachées, mais à Scutari, leur promenade favorite, quand elles voyent passer un de ces chrétiens, — qu'elles ne paraissent pas précisément détester, il faut le dire, — elles tournent le dos à l'eunuque et elles dégagent gracieusement leurs voiles, laissant voir en plein la beauté de leur visage.

Malheureusement la coquetterie ne peut les entraîner plus loin.

Jusqu'à l'âge de sept ans, les jeunes filles ne sont pas astreintes à porter le voile qui enveloppe la figure de leurs mères. Elles marchent à visage nu.

Les Mauresques, comme les femmes turques, ne sortent guère que pour se rendre au bazar, pour aller au bain ou pour se visiter entr'elles.

L'entrée des mosquées leur est interdite : la religion, faite par la jalousie des maris, déclare qu'elles ne sont pas dignes d'y aller prier Dieu.

Les Mauresques, les femmes turques et les femmes arabes ne peuvent sortir de leur demeure qu'après la prière du matin qui se fait au soleil levant, et elles doivent rentrer avant la prière du soir, c'est-à-dire avant le coucher du soleil.

Le soir on ne rencontre pas une femme dans les rues, mais en revanche, on ne peut passer devant une maison sans entendre un caquetage bruyant derrière la petite grille de la porte qui permet de voir sans être vu, ou sur la toiture-terrasse servant de salon aux causeuses. Elles épient, elles regardent et elles bavardent.

Les Mauresques éprouvent-elles de l'amour pour leurs maris, et les Maures ressentent-ils de l'amour pour leurs femmes ?

Il est difficile de répondre à cette double question, car le mariage se fait, chez les Musulmans, dans des conditions complétement opposées aux nôtres.

Généralement les garçons se marient de quinze à dix-huit ans, et les jeunes filles de neuf à douze ans. Beaucoup sont mères à quatorze ans.

Le mariage est, pour les parents, un marché à conclure.

Plus un père aura de filles et plus il sera riche, car chaque fille est, pour lui, une *denrée*, qu'il cède au plus offrant et dernier enchérisseur.

Celui qui prend femme cherche, au contraire, la jeune fille qu'il pourra payer le moins cher, car, en échange d'une fille, on donne au père une bourse contenant la somme convenue.

Les quatre seules et uniques distractions dont jouit la Mauresque dans sa vie privée sont, ainsi que je l'ai dit : le bain qui occupe toute une journée et pendant lequel elle se fait épiler soigneusement des pieds à la tête. Les cheveux, les sourcils et les cils sont seuls respectés.

Après le bain, le plaisir le plus grand est le bazar. La Mauresque y va avec ses enfants, et elle passe des heures entières à fouiller dans les étalages et à faire son choix.

Puis on reçoit ses amies, et on va ensuite les visiter.

Ce qu'on appelle se visiter, c'est passer une journée entière près de celle qu'on visite.

Les babouches jaunes de la visiteuse, placées devant la porte de la cour ou de la galerie, interdisent l'entrée même au chef de la maison.

Quand une Mauresque reçoit ou quand elle visite, elle fait grande toilette. Ce sont les deux seules occasions de se parer.

Souvent pendant ces visites, on chante et on danse : c'est une distraction de plus.

La musique des Maures est la seule supportable et souvent même elle est agréable à entendre.

La musique et le chant des Arabes ne consistent, pour ainsi dire, que dans un seul air et quel air!!!

Aucun terme musical ne pourrait le qualifier et il faut l'avoir entendu pour comprendre ce que c'est.

Les instruments de musique employés par les Arabes sont d'une simplicité extrême : le chalumeau et le tympanum des anciens se retrouvent entre leurs mains avec la *derbouká* qui a pour unique mission de marquer la mesure.

La *derbouká* est une sorte de vase de terre bouché d'un côté par un parchemin orné de peintures bizarres.

On place la *derbouká* sous le bras gauche, le côté vide en arrière, et, avec les doigts de la main droite, on tambourine sur le parchemin.

Les Maures ont aussi la *derbouká* dans leur orchestre, mais ils y ajoutent d'autres instruments beaucoup plus perfectionnés.

Outre plusieurs sortes de flûtes et de hautbois, ils ont le *rebbed*, violon à deux cordes, et des petites *guetaras* (guitares) de différentes grandeurs.

Le rebbed, qui a la forme et le son de nos violons, se joue comme la basse, appuyé sur le genou du musicien, qui manie son archet en travers.

La musique des Maures est variée et la plupart de leurs airs sont vifs et agréables.

Presque toutes les femmes savent se servir de la *guetara* et du tambourin.

Quand elles veulent danser entre elles, l'une prend une *guetara*, une autre un tambourin et, après les premières mesures, on chante en entonnant un air fortement cadencé.

Alors la danseuse se place sur le tapis et commence la danse.

Quand on passe près d'une maison où l'on danse, on entend le chant rhythmé qu'accompagne la *guetara* de la Mauresque comme on entend, à Grenade, la guitare de la señorita.

IV

Les Danseuses

Les Maures et les Turcs aiment à voir danser :
aussi y a-t-il des danseuses de profession qui exécutent leurs danses, à visages découvert, non pas
au théâtre, mais dans des cafés spéciaux.

Ces danses ont lieu à certaines heures du soir.

La salle d'un café maure est toujours spacieuse,
vaste, haute de plafond et garnie tout le long des
murs de divans. Les colonnes isolées qui soutiennent la toiture sont aussi entourées de coussins.

Au fond est une estrade et sur cette estrade sont
rangés, les jambes croisées sur le tapis, le dos appuyé contre un coussin, cinq musiciens à l'air
grave et funèbre.

L'un tient une *derboukâ*, l'autre une flûte, celui-là une *guetara*, celui-ci un *rebbed* et le cinquième un tambourin.

En bas de l'estrade, sur le plancher, il y a un tapis placé dans un espace vide.

Quand l'heure de la danse arrive, une Mauresque, très-galamment vêtue et enveloppée dans son haïk qui la voile entièrement, apparaît suivie de deux autres femmes.

C'est la prima doña accompagnée de deux comparses.

Les deux comparses portent chacune une écharpe de gaze et une corbeille remplie de fleurs coupées, le plus souvent des feuilles de roses.

La Mauresque se place au centre du tapis, les deux autres se tiennent à distance égale de chaque côté de la danseuse.

La musique commence sur un ton très-lent et avec une mesure plus lente encore.

La Mauresque, les deux pieds rapprochés l'un de l'autre, demeure un moment immobile.

Elle semble écouter et elle est encore enveloppée dans son haïk.

Puis, au son des instruments, elle se dégage doucement et elle laisse tomber autour d'elle, le long voile qui l'enveloppe.

Elle apparaît dans tout son éclat, avec ses joues carminées et parsemées de grosses mouches noires en forme d'étoiles, avec ses sourcils noirs et son signe à la naissance du nez.

Un cordon de petites piastres d'or, placé à la naissance de ses cheveux, retombe sur son front.

Ses cheveux sont attachés par un foulard rouge et or tout garni de franges s'éparpillant sur la nuque.

Sa veste de soie vert émeraude, bordée de galons d'or, très-courte et arrondie sous les bras, dégage la poitrine qu'abrite à peine une chemise ouverte, ornée de coraux et s'enfouissant dans sa large ceinture, rayée rouge et or, drapée autour de sa taille.

Un large pantalon de même étoffe et de même nuance que la veste, s'attache gracieusement au-dessous du genou.

Ses bras et ses jambes, garnis de bracelets et d'anneaux, sont nus. Des babouches à talons de maroquin brodé d'or retiennent à peine son petit pied.

Sa chemise dégage ses épaules et son cou entouré d'un collier.

La musique continue. La danseuse agite doucement la tête; puis les épaules prennent la même ondulation gracieuse. Ses bras se soulèvent mollement et une sorte de frémissement s'empare de tout son être, sans que ses pieds changent de place.

Le temps de la mesure devient plus pressé et

imprime au corps un mouvement plus rapide.

La danseuse, dont l'animation prend, sans changer de place, une allure plus passionnée, renverse sa jolie tête en arrière en étendant les deux mains à droite et à gauche.

Chacune des deux Mauresques place une écharpe dans sa main tendue.

Alors un autre genre de danse commence. C'est le *pas des écharpes*.

Agitant ces deux tissus si fins, les croisant, les enlaçant autour d'elle, les retirant tout à coup pour les enlacer de nouveau, les roulant autour de sa taille, de son cou, de ses bras, avec une grâce infinie et des gestes charmants, elle tourne sur elle-même, sans soulever les pieds, augmentant encore la rapidité des ondulations de son corps.

La musique se presse de plus en plus.

La danseuse se recourbe, se redresse, s'incline, se tord avec une harmonie d'une coquetterie provoquante que n'ont pas nos danseuses de l'Opéra.

Tout à coup, avec un élan plein de souplesse et de rapidité, elle se renverse en pliant sur les hanches. Les deux voiles de gaze s'échappent de ses mains frémissantes et un mouvement de la tête détache le foulard qui tombe.

Alors les cheveux se déroulent dans toute leur longueur et souvent viennent toucher la terre.

La Mauresque se redresse enveloppée dans son manteau soyeux.

La fureur passionnée de la danse lui imprime des poses d'une grâce de plus en plus provoquante et que précipite encore la rapidité sans nom de l'orchestre criard.

C'est quelque chose d'inouï que cette danse folle qu'on ne saurait qualifier.

Elle danse, elle danse, elle danse... toujours avec les ondulations du corps, sans faire un pas... elle danse jusqu'à ce que l'épuisement soit complet.

Brisée, elle s'arrête, le corps plié en arrière, les hanches saillantes, la tête absolument renversée, les cheveux traînant sur le tapis.

Dans ce moment suprême, l'orchestre s'arrête subitement et se tait, et les deux Mauresques versent sur la poitrine de la danseuse immobile, les deux corbeilles de fleurs.

Alors les spectateurs, que cette danse éminemment lassive a charmés, se lèvent et viennent en s'approchant silencieusement, déposer sur les joues, le front, le menton, sur toutes les parties du visage de la danseuse, des multitudes de petites pièces de monnaie d'or et d'argent.

La pose de la tête renversée permet aux pièces de métal de se maintenir, et la danseuse reste ainsi jusqu'à ce que son visage soit entièrement couvert.

Alors, ses deux compagnes étendent, devant elle, une des écharpes de gaze, et la Mauresque se redressant brusquement, penche la tête en avant. Toutes les petites pièces tombent dans le voile.

Elle noue le voile et elle sort.

Après chaque danse, le maître du café maure fait une quête pour les musiciens et pour lui-même.

Quand l'enthousiasme est grand, la quête est bonne.

V

Les Juifs

Le séjour des Juifs en Algérie remonte à l'époque de la destruction de Jérusalem par Titus Vespasien : 70 ans après Jésus-Christ.

Voici ce qu'on raconte à cet égard :

Le massacre des Juifs par les Romains victorieux avait été commis dans des proportions anéantissantes.

L'historien Josèphe affirme que plus de *onze cent mille* hommes, femmes et enfants ont péri pendant le siége, mais Tacite, d'après des rapports plus vraisemblables, fixe le nombre des victimes à *six cent mille*.

Jérusalem détruite et anéantie, Titus, après avoir envoyé à Rome les sept cents plus beaux jeunes

Juifs pour orner le triomphe qu'il devait célébrer à son retour, emmena en Egypte quatre-vingt dix-sept mille prisonniers.

Ces Juifs furent vendus comme esclaves et tous ceux, qui purent s'échapper, allèrent demander asile aux villes du littoral.

Tripoli, Tunis, Alger, tous les ports de mer accueillirent ces malheureuses victimes de la férocité romaine et, devenus pauvres, les Juifs se mirent au travail.

Au XIIIe siècle, les Juifs, chassés violemment de l'Europe, vinrent augmenter encore le nombre de leurs coréligionnaires établis dans les villes du nord de l'Afrique.

Bientôt les quartiers juifs furent remplis et tout le commerce intelligent resta dans leurs mains de Tunis à Tanger.

Les Turcs, les Maures et les Arabes ont toujours affiché un profond mépris pour ceux qu'ils nomment les *Ihoudi*.

Les Juifs, eux, ont pris leur parti de cet insolent mépris et ils se sont soumis, se consolant par l'exploitation de leurs dominateurs.

Avant notre installation à Alger, les lois musulmanes, appliquées rigoureusement, interdisaient aux Juifs de porter la barbe.

Il leur était défendu de se coiffer de la shéchia rouge et de se servir du burnous blanc.

A vrai dire, ils ne devaient porter pour leurs vêtements que des nuances noires ou grises et, par concession, la nuance bleu foncé.

Le Juif ne devait jamais monter à cheval, parce que le cheval était un animal noble. Tout ce qu'on lui accordait, c'était de se servir de l'âne.

Il était, de plus, interdit aux Juifs de passer la nuit dans un quartier turc et de marcher le long des murailles, afin de laisser cette partie ombreuse à la disposition des enfants de Mahomet.

Devant chaque mosquée, le Juif devait ôter ses souliers et passer pieds-nus en s'inclinant humblement devant la porte.

Enfin, quand un Turc ou un Maure, se promenant à cheval ou à pied, avait devant lui un Juif, il lui allongeait d'abord un coup de bâton pour l'avertir de lui faire place, en ajoutant :

— *Bâlek Ihoudi ! ! !*

Ce qui veut dire : dérange-toi, Juif !

Le Juif se dérangeait tranquillement, sans murmurer, comme il se dérange encore, à cette interpellation, dans les villes du Maroc et celles de Tunis et de Tripoli, nos voisins de droite et de gauche, qui ont conservé religieusement les vieux usages.

A vrai dire même, cette soumission des Juifs envers les Maures, les Arabes et les Turcs est tellement incrustée en eux que, bien que protégés par nos lois, ils ont un tout autre respect pour les musulmans que pour les chrétiens, et que les anciennes coutumes sont toujours mises en pratique, surtout dans les quartiers maures.

Ainsi, il est très-rare de rencontrer aujourd'hui un Juif à cheval : je n'en ai pas vu un seul autrement qu'à âne. Il est juste de dire, cependant, que leurs ânes sont très-jolis et qu'ils sont doués d'une allure charmante.

Il est plus rare encore de les voir profiter de la liberté donnée par notre protection au costume.

On ne rencontre jamais non plus dans nos provinces les Juifs avec le burnous blanc ou la shéchia rouge. Leurs vêtements ont gardé les formes d'autrefois.

Une petite calotte brune ou noire, à gland noir, placée sur le sommet de la tête, une veste de dessous et une veste de dessus à manches larges, une ceinture plate, un châle jeté sur l'épaule en guise de burnous, des bas gris et des souliers européens, voilà ce qui compose leur costume.

Les Juifs sont rarement beaux, mais les Juives sont souvent belles.

Elles portent une haute coiffure, semblable à nos bonnets de cauchoises, ornée de lames de métal et de rubans.

Cette coiffure se terminant par une pointe, comme le long cornet d'Isabeau de Bavière, s'élève en s'inclinant en arrière.

Du bas de ce bonnet tombe, jusqu'à terre, une large bande de drap d'or terminée par des franges.

D'énormes boucles de diamants ou d'or sont suspendus à leurs oreilles.

La robe se compose d'une longue jupe de laine, d'ordinaire noire ou bleue et d'un corsage ouvert tout garni de bandes d'or ou d'argent.

Les manches du corsage sont très-courtes et elles laissent dépasser celles de la chemise brodée.

Elles portent aussi des caleçons comme les Mauresques ; mais leurs longues jupes les cachent entièrement et ne permettent de voir que le bas de la jambe et le pied, chaussé d'une sorte de sandale dont l'extrémité recouvre à peine les doigts.

Lorsqu'elles sortent, elles attachent, à la pointe du haut bonnet, un immense voile en gaze légère de laine blanche, qui les enveloppe absolument de la tête aux pieds.

Les Juives ont une manière toute gracieuse de porter ce voile.

Le drapant de la main gauche, elles le relèvent de manière à laisser voir le visage, tout en l'encadrant.

Ce vaporeux ornement rend plus ardent et plus séduisant encore l'éclat du regard de la prunelle dont la Juive orientale sait jouer avec un art et une coquetterie qui expliquent les triomphes d'Esther et de Judith.

Les femmes juives jouissent de beaucoup plus de liberté que les Mauresques, car elles ne sont pas sous la domination pénible des lois musulmanes.

Cependant, si elles peuvent sortir le soir, aller et venir à visage découvert, ne s'abritant que contre les atteintes des rayons du soleil, si elles sont libres de recevoir et d'assister aux réunions, il ne leur est guère permis d'avoir d'autres sentiments que ceux qu'exigent les habitudes consacrées.

En Orient, un Juif épouse une Juive, une Juive épouse un Juif, mais jamais autre alliance n'est permise. Celle avec les disciples de Mahomet est impossible, celle avec les chrétiens est défendue.

Cette loi imposée est une loi religieuse, et son exécution est d'une férocité qui n'a rien à reprocher au moyen âge.

En voici la preuve :

A Oran, dans les premières années de notre occupation, la fille d'une riche famille juive s'était laissé séduire par l'amour d'un officier français qui l'adorait.

La jeune fille s'aperçut qu'elle allait être mère, et quelques jours après cet aveu, fait et reçu avec joie, le jeune officier partit en expédition.

La douleur de la séparation fut grande, mais enfin l'espoir d'un glorieux retour, d'un avancement rapide, fut une consolation pour tous deux.

Le jeune homme partit.

Ce qu'ils ne savaient pas ni l'un ni l'autre, ce qu'ils ignoraient absolument, c'est que les parents uifs savaient tout.

Quand l'officier français eut quitté Oran, les parents, que la crainte avait retenus, se résolurent à agir.

Le supplice auquel était condamné la coupable était horrible.

On devait la bâillonner, lui attacher les pieds et les mains, l'enfouir vivante dans un sac, coudre ce sac hermétiquement, le porter, la nuit, au port et le jeter à la mer.

C'était coutume établie.

Tout fut fait suivant les règles indiquées, et, à minuit, quatre des parents portaient le sac vers le port, quand un hasard sauveur leur fit rencontrer une compagnie revenant de Mers-el-Kébir.

L'officier, qui commandait la compagnie, étonné et croyant à un acte de trahison ou de contrebande, s'empara du sac.

Les Juifs se sauvèrent effrayés, et la jeune fille, encore vivante, fut sauvée.

Au retour de l'expédition, le lieutenant épousa la jeune fille qui se fit chrétienne.

Heureusement aujourd'hui, depuis que notre

domination française est absolument établie, de pareilles férocités ne sont même plus tentées.

Les Juifs, aussi, sont infiniment plus heureux qu'ils ne l'étaient jadis.

Le trafic incessant qu'ils font, depuis des siècles, des pierres précieuses, des bijoux, des selles arabes garnies d'émeraudes et de rubis, de tous les objets enfin qui portent en eux une valeur réelle, ce qui est le principe du commerce juif dans tout l'Orient, ce trafic a pris un développement qui les a enrichis tous.

Au reste, il faut l'avouer, leur fortune eut pour base toutes les rapines des pirates renégats, auxquels ils servaient de recéleurs et dont ils achetaient les marchandises à vil prix.

Une preuve de cette richesse, c'est qu'en 1793, deux Juifs d'Alger, Bousnach et Bakri, tous deux banquiers-trafiqueurs du Dey, fournirent au gouvernement français, pour sept millions de grains dont la République avait besoin dans ce temps de famine.

Ce qu'il y a de curieux, c'est que ce fut, trente-sept ans plus tard, la liquidation de cette dette, — dont il ne restait cependant à acquitter que deux millions, et à propos de laquelle Hussein-Pacha, se mettant à la place des deux banquiers juifs, réclamait violemment *quatorze millions* — qui provoqua la scène violente entre le Dey et notre Consul et qui eut pour résultat la prise d'Alger par notre armée.

A bien prendre, c'est donc à Bousnach et à Bakri, les deux banquiers juifs, que nous devons l'établissement de nos possessions africaines, car si Bousnach et Bakri n'avaient pas fait ce prêt à la France, la scène entre Hussein-Pacha et M. Deval n'eût pas eu lieu et la révolution de juillet, éclatant vingt-quatre jours après la prise d'Alger, eût sauvé la Régence, car certes le gouvernement extra-pacifique du roi Louis-Philippe n'eût jamais conduit une flotte devant Alger.

En héritant de la prise, il a hérité de la guerre ; mais cette guerre, le gouvernement ne l'eût pas entreprise de lui-même.

Que serait-il arrivé alors avec cette nation de pirates et de voleurs, faisant de la Méditerranée un coupe-gorge ?

VI

Les Turcs

Depuis notre occupation, la population turque en Afrique a diminué dans des proportions considérables.

La puissance des Turcs a eu cependant une durée de près de trois siècles. Ce fut Baba-Aroudj (*Barberousse*), le célèbre corsaire, qui s'empara d'Alger en 1516.

Les Maures avaient demandé des secours au grand sultan de Constantinople, et Barberousse, d'accord avec l'Arabe Selim-Eutemi, chassa les Espagnols.

Ce nouvel Etat, placé sous la protection et la domination de la Sublime Porte, fut gouverné par un Pacha nommé par le Grand-Seigneur et chargé d'exécuter ses ordres et de lui payer des impôts.

Pour maintenir le pouvoir du sultan, on avait envoyé des Janissaires, et, chaque année, la Porte en augmentait le nombre, non pas dans l'intention de faire prospérer le nouvel Etat, mais uniquement pour se débarrasser d'hommes turbulents dont l'audace était menaçante.

Bientôt ces Janissaires se plaignirent, et ils menacèrent de quitter Alger et de retourner à Constantinople, si on ne leur donnait pas le droit de choisir, parmi eux, un chef chargé de les défendre et de les abriter contre les injustes vexations du Pacha gouverneur.

On leur accorda ce qu'ils demandaient, et ce chef eut le titre de Dey.

Tout naturellement une lutte s'engagea entre les Deys et les Pachas, et à mesure que la puissance des uns augmenta, l'influence des autres diminua.

Au commencement du dix-huitième siècle, vers 1710, un Dey, nommé Baba-Aly, fit, une belle nuit, enlever le gouverneur représentant du Grand Seigneur le Sultan, et, l'embarquant sans bruit, il lui fit faire voile vers Constantinople, sans se soucier ni s'inquiéter de la colère de la Sublime Porte.

Les Janissaires, devenus absolument maîtres de la Régence, acclamèrent le Dey Baba-Aly leur souverain chef.

Baba-Aly mourut quelques années après son triomphe, à la suite d'une orgie ; sans doute il fut empoisonné.

Alors la guerre du trône commença entre les janissaires.

L'hérédité n'existait pas ; c'était à qui prendrait la couronne, tous étaient dignes de la porter.

Ce fut une succession de luttes qui fit régner les uns deux mois, les autres six, quelques-uns une année, après quoi on les massacrait pour leur succéder.

Les choses en arrivèrent à un point tel, qu'au printemps de l'an de grâce 1732, les Algériens eurent, en *un seul jour*, six Deys montant successivement sur le trône et étant successivement assassinés.

Après la mort du sixième, il y eut un temps d'arrêt, et un septième fut couronné.

Celui-là, qui était un petit cousin de Barberousse et qui se nommait Mustapha-les-Mains-Longues, était doué d'une vigueur physique que doublait encore une énergie de nature sauvage.

Prenant ses précautions pour ne pas être massacré, il commença par tuer tous ceux dont il n'était pas sûr. Il en fit pendre une centaine aux mâts des navires et aux remparts de la ville, et il prodigua l'or et les titres à ceux qu'il voulait avoir pour lui.

Tout alla bien, et Alger, étant tranquille et respirant mieux, on organisa avec plus de soin la piraterie, qui existait déjà depuis plus d'un siècle, et qui prit alors des proportions plus formidables encore.

VII

Les Renégats et les Pirates

A vrai dire, les Deys d'Alger n'ont été que de chefs de forbans.

L'armée navale qu'ils commandaient n'était qu'une réunion de bandes d'écumeurs de mer, guerroyant audacieusement et ouvertement pour prendre le bien d'autrui.

La piraterie, c'est le vol à main armée, et les sujets du Dey n'étaient que des pirates féroces que les navires de guerre européens accrochaient le plus qu'ils pouvaient aux vergues de leurs matûres.

Jamais, pendant leur séjour en Afrique, les Turcs ne se sont occupés sérieusement de la culture, ni du commerce.

La seule manière de vivre, pour eux, fut d'aller

incessamment faire la course dans la Méditerranée, de l'Adriatique à Gibraltar, déguisés le mieux qu'ils pouvaient être pour tromper leurs victimes et les surprendre sans être surpris.

Ici, il y a une observation à faire : il ne faut accuser de forbanerie ni les Maures, ni les Arabes, ni les Kabyles.

Les Arabes et les Kabyles sont restés chez eux, et les Turcs n'ont jamais osé tenter d'aller les troubler.

Les Maures, eux, habitant les villes, vivaient près des pirates, mais ils s'occupaient du commerce des prises bien plus que des prises elles-mêmes. Au reste, c'étaient eux qui faisaient travailler à la terre.

Quant aux pirates, c'était une réunion de Turcs féroces et pillards auxquels s'étaient joints tous les bandits des côtes de la Sicile, de l'Italie, de l'Espagne, de la France, écume de tous les pays.

Tous ces voleurs de grande route, assassins de profession, n'ayant ni foi ni loi, se faisaient *renégats* pour mieux mener leurs bandes.

Ne respectant ni enfants, ni femmes, ni vieillards, jetant à la mer tout ce qui, gens ou choses, ne pouvait leur servir, ces requins humains, se cachant sous les vagues pour surprendre lâchement un équipage endormi, devinrent en peu de temps l'effroi des côtes et le fléau de la marine marchande européenne.

Non-seulement ces monstres sanguinaires tuaient, massacraient, égorgeaient, pillaient, volaient; non-seulement ils coulaient sans hésiter les navires qu'ils ne pouvaient remorquer ; non-seulement ils incendiaient les marchandises qu'ils ne pouvaient emporter, pour se donner le spectacle d'une nappe de flammes se reflétant dans l'eau, tandis qu'ils s'enivraient en soupant au milieu des mares de sang et couchés sur les cadavres encore chauds de leurs victimes ; non-seulement ils commettaient toutes ces infamies, mais au métier d'écumeur de mer, ils ajoutaient le métier plus honteux encore de misérables marchands d'esclaves.

Les prisonniers et les prisonnières étaient jetés à fond de cale et gardés à vue.

Quand on débarquait, le chef-pirate faisait son choix parmi les hommes et les femmes, puis on enchaînait les uns, on emportait les autres, et on conduisait le tout au grand marché d'Alger.

Là, les acheteurs arrivaient et examinaient la marchandise exposée.

Le prix de chaque esclave variait suivant la quantité des prisonniers à vendre et la valeur et les qualités particulières.

Un homme dans des conditions de force convenables pour accomplir des travaux pénibles valait de 200 à 250 piastres (de 700 à 800 fr.).

Un matelot français n'était guère estimé plus de 50 piastres, soit moins de 200 fr., car on était certain qu'il finirait par se sauver, et souvent les matelots s'échappaient en fouillant dans le trésor du maître.

Une très-jolie jeune femme se vendait facilement 200 sequins (2,000 fr.).

Une femme encore jolie, mais moins jeune, 150 sequins (1,500 fr.).

Enfin, les moins favorisées par la nature étaient achetées à un prix bas, car elles devaient n'être employées que comme servantes auprès des femmes du harem.

Heureux les hommes qui, dans leur malheur, étaient achetés par des particuliers, mais ceux achetés par l'Etat, étaient condamnés aux travaux infects de la ville et nourris de pain noir trempé dans de l'huile rance.

On comptait en moyenne plus de 20,000 captifs en permanence, car pendant qu'on payait rançon, que des moines allaient racheter ou échanger des prisonniers, pendant enfin qu'on en délivrait, les bandits en prenait d'autres, et le nombre restait le même.

Quand les femmes manquaient dans les harems, et qu'on ne faisait pas assez de captives, les pirates allaient faire une razzia, suivant l'expression arabe, sur les côtes de Sicile, d'Italie, d'Espagne ou de Sardaigne.

Voulant faire cesser ces brigandages maritimes, déjà commencés au milieu du seizième siècle, Charles-Quint perdit une flotte sans succès.

Outragé de cette piraterie qui menaçait nos côtes, Louis XIV fit bombarder Alger une première fois en 1682.

L'année suivante, il envoya Duquesne avec une flotte.

Toutes les cruautés sans nom qui souillèrent la défense de la ville sont à peine croyables.

Le Dey Mezomorte fit attacher des captifs français à la gueule de ses canons, et il mit le corps du consul français dans un mortier, l'envoyant comme une bombe sur la flotte assiégeante.

Duquesne prouva que, quoi qu'on en eût dit depuis cent ans, Alger n'était pas imprenable, ni invincible.

Il coula et il brûla tous les navires du port, il détruisit absolument la basse ville et il incendia les deux tiers de la haute ville.

Malheureusement il n'avait pas d'armée de débarquement, sans quoi le pavillon français eût flotté dès cette époque sur le palais des Deys.

Duquesne ordonna qu'on lui remît l'infâme

Mazomorte, mais le Dey avait été tué par les siens, auxquels il avait promis la victoire.

Duquesne se retira.

Les pirates effrayés envoyèrent une magnifique ambassade à Louis XIV pour lui demander honteusement pardon.

Louis XIV pardonna; mais cinq ans après, il fallut recommencer un troisième bombardement, et ce fut le maréchal d'Estrées qui commanda l'attaque.

Cette troisième leçon n'amoindrit pas beaucoup la puissance des pirates.

Après cette expédition de d'Estrées, il y a eu celle du comte de Mortemart, en 1732, — une des Danois, en 1770, — trois, faites par l'Espagne, en 1755, en 1775 et en 1784, — et enfin celle de lord Exmouth, en avril 1816, qui ne détruisirent pas plus la piraterie que les précédentes.

Il appartenait à la France de punir et d'anéantir ces bandits qu'aucune puissance n'avait pu écraser.

Un coup d'éventail, donné par le Dey Hussein sur le visage de M. Deval, consul de France, à propos d'une discussion sur la liquidation de la dette française, détermina l'extermination des bandits.

La flotte de l'amiral Duperré embarqua l'armée du maréchal de Bourmont.

L'armée débarqua le 14 juin et le 5 juillet 1830, Alger était ville française.

La piraterie fut anéantie, et la population mauresque nous accueillit avec des acclamations de joie.

Les Turcs émigrèrent rapidement et, emportant leurs richesses, allèrent s'installer à Tunis et à Tripoli.

Les quelques familles qui restèrent, les familles honnêtes, celles des commerçants et non celles des pirates, ne quittèrent pas Alger.

Beaucoup de ces Turcs sont employés à la marine et un plus petit nombre est resté dans l'industrie, les uns vendant du tabac et des pipes dans les bazars, les autres continuant la fabrication de ces essences de rose et de jasmin dont ils ont seuls le secret.

Si la population turque a émigré en grande partie, elle a laissé cependant, derrière elle, de nombreux descendants.

Sous le gouvernement des Deys, les enfants qui naissaient d'un Turc et d'une esclave chrétienne étaient considérés comme véritables Turcs, et ils jouissaient de tous les droits, même de celui de remplir les plus hautes fonctions.

Ce qu'il y a de singulier, c'est que les enfants d'un Turc et d'une Mauresque ne jouissaient pas des mêmes priviléges. Ils formaient et ils forment encore une classe à part que l'on nomme les *Coulouglis.*

Il y en a nombreuse population dans la province d'Oran, et les *Coulouglis* ont fourni beaucoup d'excellents soldats à nos régiments de Spahis et à nos bataillons de Turcos.

VIII

Les Nègres

Tous les Nègres de l'Algérie sont originaires du centre de l'Afrique.

Depuis un temps immémorial, les Arabes et les Maures ont des esclaves nègres qui sont ordinairement affranchis, soit parce qu'ils rachètent leur liberté, soit parce qu'au lit de mort leurs maîtres la leur accordent.

C'est là l'origine de cette population noire libre de l'ancienne Régence.

Le costume des hommes est absolument le même que celui des Maures. Celui des femmes est emprunté au costume arabe et au costume juif.

TABLE

		Pages.
I.	— Mers-el-Kébir	1
II.	— La route d'Oran	13
III.	— La table ronde de l'armée d'Afrique	27
IV.	— Tioùth. — Schabbâh. — Nâmâ. — Cadet	39
V.	— La ménagerie du Château-Neuf	53
VI.	— Le maréchal Pélissier	67
VII.	— Les grottes du Dahra	91
VIII.	— Saint-Cloud d'Afrique	101
IX.	— Route de Mostaganem	121
X.	— Mostaganem	131
XI.	— Les courses	139
XII.	— Le choléra à Oran	145
XIII.	— Le capitaine Doulcet	157
XIV.	— La procession au Santa-Cruz	169
XV.	— La saison des pluies	177
XVI.	— La forêt de Mulei-Ismaël	187
XVII.	— L'oasis	197
XVIII.	— Mustapha-ben-Ismaël	207
XIX.	— Mascara	217
XX.	— Tlemcen	223

I.	— Les Kabyles	239
II.	— Les Arabes	249

		Pages.
III.	— Les Maures et les Mauresques........	261
IV.	— Les Danseuses.............................	275
V.	— Les Juifs.................................	281
VI.	— Les Turcs...............	291
VII.	— Les Renégats et les Pirates.................	295
VIII.	— Les Nègres...............................	303

FIN DE LA TABLE

Paris — E. De Soye, imprimeur, 2 place du Panthéon

www.ingramcontent.com/pod-product-compliance
Lightning Source LLC
Chambersburg PA
CBHW071513160426
43196CB00010B/1512